21世纪网络与新媒体专业系列教材

网络舆情
监测与研判

田宇◎著

清华大学出版社
北京

内 容 简 介

本书主要讲解、研究网络舆情的监测与研判，在理论方面，从众多网络舆情事件中提炼出网络舆情的基本概念、构成要素等；在基本理论的基础上，总结网络舆情的生成演变机制、研判机制等。同时，介绍了网络舆情监测与研判的相关技能，如网络舆情信息搜集与监测、舆情报告的撰写等。本书主要的读者对象为高校网络与新媒体专业学生，以及网络舆情相关工作人员。

全书理论知识和实践知识兼备，还特别运用智媒体技术手段，借助网络与新媒体平台提供配套的教学资源。除了书中呈现的大量案例，还以视频课程的形式讲解最新的网络舆情案例，使教材与时代同步，保持教材的时效性和科学性。

图书在版编目（CIP）数据

网络舆情监测与研判 / 田宇著. —北京：清华大学出版社，2022.9（2025.4重印）

21世纪网络与新媒体专业系列教材

ISBN 978-7-302-59885-5

Ⅰ．①网… Ⅱ．①田… Ⅲ．①互联网络—舆论—监测—教材 Ⅳ．①G206.2

中国版本图书馆 CIP 数据核字（2022）第 160383 号

责任编辑：邓　婷
封面设计：刘　超
版式设计：文森时代
责任校对：马军令
责任印制：杨　艳

出版发行：清华大学出版社
　　　　网　　　址：https://www.tup.com.cn，https://www.wqxuetang.com
　　　　地　　　址：北京清华大学学研大厦 A 座　　　邮　　编：100084
　　　　社 总 机：010-83470000　　　　　　　　　邮　　购：010-62786544
　　　　投稿与读者服务：010-62776969，c-service@tup.tsinghua.edu.cn
　　　　质量反馈：010-62772015，zhiliang@tup.tsinghua.edu.cn
印 装 者：涿州市般润文化传播有限公司
经　　销：全国新华书店
开　　本：185mm×260mm　　　印　张：10　　　字　　数：231 千字
版　　次：2022 年 10 月第 1 版　　　　　　　印　　次：2025 年 4 月第 7 次印刷
定　　价：45.00 元

产品编号：086220-01

前言 :::: preface / / / /

　　网络舆情，是一个有中国特色的学术概念。中国的政治文化传统历来重视"民意"，也向来注意搜集"民意"信息，并根据这些信息调整施政方针、政策。进入信息时代之后，社会公众发布信息的门槛大大降低了，进入了"人人都有麦克风"的时代，"民意"的显现更加便捷，同样也更加容易聚合在一起，形成舆论风暴。虽然"民意"不能等同于"网络舆情"，但是，这种政治文化传统却同传统文化一样蔓延至今，经几千年风雨的洗礼，历久而弥新。

　　在今天的社会生活中，网络舆情的影响力逐渐扩散到互联网中的每一个角落，任何个体、组织机构都有可能在不经意间卷入舆情风暴中，成为网络舆情事件的"主角"。虽然不能说所有的网络舆情都是负面的，但是，负面的网络舆情在所有舆情中所占的比例却是最大的，对舆情事件的"主角"所产生的负面冲击也是最大的。这就需要对网络舆情进行系统的监测与研判，以采取合理的应对措施。

　　自媒体时代，现代信息传播的方式、渠道、思维等都呈现出完全不同的面貌，每个人都身兼传播者和接收者的双重角色，网络舆情的传播态势也与传统媒体时代迥然相异。本书就是从这个角度出发，探讨自媒体时代网民的变化，及其对网络舆情监测与研判带来的影响。

　　本书主要讲解、研究网络舆情的监测与研判，在理论方面，从众多网络舆情事件中提炼出网络舆情的基本概念、构成要素等；在基本理论的基础上，总结出网络舆情的生成演变机制、研判机制等。同时，介绍了网络舆情监测与研判的相关技能，如网络舆情信息搜集与监测、舆情报告的撰写等。全书理论知识和实践知识兼备，还特别运用智媒体技术手段，借助网络与新媒体平台提供配套的教学内容。除了书中呈现的大量案例，还以视频课程的形式讲解最新的网络舆情案例，使教材与时代同步，保持教材的时效性和科学性。

编　者

目录 :::: contents / / / / /

第一章

网络舆情概述

学习目标

　　了解舆情的词源，理解舆情的概念，并能够结合现实案例分析网络舆情的基本概念和特征等。只有对中国网络舆情制度发展有充分的了解，才能够在历史的基础上，对现在的网络舆情制度发展有较为深入的思考，深刻理解发生网络舆情的诱因与根源。

　　互联网蓬勃兴起之后，中国网民发表言论和参与公共事务讨论的机会越来越多。中国社会急剧变革，慢慢产生了网络舆情。2008 年，国内开始流行网络舆情监测，很快出现了专门进行网络舆情监测和研究的机构，"网络舆情""舆情"也成为流行词和专门词。但是，网络舆情到底是什么意思，它具备哪些特征等，现在并没有形成特别统一的观点。本章就从词源学的视角出发，探析"舆情"的词源，并对其概念进行界定。

第一节　"舆情"的词源及定义

一、"舆情"的词源学分析

　　"舆情"一词从古代就有，它是古汉语中由"舆"和"情"两个字构成的一个偏正词组，"舆"字有"众"的意思，《汉书·陆贾传》中解释为"人众车舆，万物殷富"。该字虽然古已有之，但是其随着近几年网络舆情监测的普及才开始再次流行，一般的词典中还未将其作为词条给出规范的定义和详细解释。根据最新的考证，从词源学首见书证的角度，"舆情"一词最早应出自《旧唐书》卷一百七十七《列传》第一百二十七章中的"朕采于群议，询彼舆情，有冀小康，遂登大用"之句。此后，虽然在古代文献中"舆情"一词出现的频率逐渐增加，但是古代学者并没有对"舆情"的内涵进行系统的研究，仅仅作为词在使用，因此不能称之为概念。作为一个研究范畴的舆情概念的确立只有十多年的时间，但目前，对"舆情"的定义多达十几种，比较有代表性的是王来华等人的观点。

王来华等人对"舆情""民意""舆论"三个词做了从词源开始的回溯和辨析。他们的研究指出，"舆""情"两字的连用，最初应是指百姓的情感、情绪。在现在的《新华字典》中，也采用了这个解释。在《辞源》中，则把"舆情"解释为"民众的意愿"。王来华等人研究了关于舆情一词起源的古文献后指出，据现有文字记载，"舆情"一词最早在唐朝使用，出自《全唐诗》中唐代诗人李中所作《献乔侍郎》一诗："格论思名士，舆情渴直臣。"他们研究指出，古人将"舆情"一词解释为民众的意愿。同时，王来华等人在研究了"舆情""舆论""民意"三者的概念差异后，认为舆情的政治指向性更为明确，更关注意见背后的社会学、政治学变化的过程，更多是民众的社会政治态度。他对于"舆情"的概念曾做过如下定义：舆情是指在一定的社会空间内，围绕中介性社会事项的发生、发展和变化，作为主体的民众对作为客体的国家管理者产生和持有的社会政治态度。这一定义对这一概念的客体进行了较为明确的限定，即"国家管理者"，而其他定义对舆情的客体没有确切的界定，泛指现实社会，以及各种社会现象、问题等，即"公众议论的对象"。就当前中国舆情实践来看，其实将客体界定为"现实社会，以及各种社会现象、问题"更为准确些，也就是通常所说的公共事务。

需要注意的是，在认同古人关于舆情是指民众的意愿的基本内涵时，更不能忽视当前网络舆情的实践。现在绝大部分的网络舆情和舆情研究机构主要依托搜索引擎技术在互联网上抓取目标信息，然后进行数据的抓取和内容的分析。这就衍生出了一个新的问题：舆情监测软件抓取的信息一般被视为舆情，但是在互联网传播深度渗透，各种传播媒介高度融合的今天，互动、社交、自我表达已经成为深度潜入传播过程和互联网运用的各个层面和各个信息扩散过程的习惯行为，在人人都可以发表言论和参与公共事件讨论的媒介环境下，我们其实很难区分媒体意见和普通公众意见。作为原有定义的"舆论"和"舆情"，其实已经交融在一起，并互相渗透。因此，现在通常所称的"网络舆情"是代表舆论还是代表民意，已经成为一个非常复杂的问题。

现在对于"舆情"一词的使用其实是新时代对于旧词进行重新挖掘和附加更多意

义。虽然从词源学的角度可以分析"舆论""舆情"两词的发源，且能将它们联系到一起，但是人们对于"舆情"和"舆论"两个词还是存在较为明显的内涵理解上的差异：舆情更贴近于民意，是从普通民众中挖掘的意见和声音，在当前，人们更容易把基于互联网的各种民众自生产内容，如论坛、博客、微博、微信等视为舆情，认为是民意的显现和直接反映；而将舆论更多地视为媒体机构、媒体组织的意见和声音。

另外，对舆情、舆论、民意的使用较为混乱，存在比较多的误解和误用。尤其对于舆情，经常不做定义，或者直接将舆情等同于舆论，进而将网络舆情等同于舆情；或者将舆情等同于民意，进而将民意等同于舆论；或者将舆情等同于媒体舆论，进而将这个媒体默认为互联网；甚至将舆情直接等同于互联网上的负面信息、批评意见或突发事件；等等。对此，我们应该用辩证的态度去界定，网络舆情不等于民意。虽然中国网民规模日渐庞大，但是并不是所有网民都热衷于在网上交流和发表意见，而且在网上交流和讨论的内容不一定都是公共事务，因此，将网络舆情等同于民意是不妥的。

二、"舆情"的定义

可以说，近些年，"舆情"一词的应用越来越广，已经远远超越了古义"舆情"的概念范畴，原本狭义的"民众对管理者或公共事务的意见"的定义也不再符合舆情发展的现实状况。

特别是在大数据挖掘技术进入舆情研究和实践领域后，在很多时候，舆情服务机构、舆情研究行业其实把舆情等同于基于互联网搜索技术的数据挖掘，因此舆情抓取和研究的对象，远远超出了社会科学研究领域所谓的社会现象、社会问题、政府管理机构和管理者等，而包括了行业数据、消费者数据、用户数据等。中国古代关于舆情的表义和使用已经与当前时代舆情实践和现实发展差异太大。如果用古代的概念来框定舆情，既不符合当前舆情发展的实际，也容易把舆情限制在一个狭小的发展圈，更不能反映互联网时代的搜索、大数据挖掘技术等对于舆情研究和中国社会民意研究的影响。而且，狭义的舆情与民意概念区分度太差，所以应该重新讨论舆情的定义。

现代传播学视角下，"舆情"的含义最早出现在舆情学专家——李普曼的《舆论学》一书中，李普曼给出的解释是"舆情基本上就是对一些事实从道义上加以解释和经过整理的一种看法"。继报纸、广播、电视之后，互联网作为第四媒体逐渐融入我们的生活，在其发挥着与传统媒体不同的影响力与魅力的同时，"舆情"也慢慢演变成"网络舆情"出现在我们的视野中。

在我国，由于网络舆情兴起的时间比较晚，很多关于网络舆情的理论研究正处于深度研究中。

随着相关领域所开展的研究越来越多，一些具有代表性的关于网络舆情的观点被大多数人认可。南开大学徐晓日认为：网络舆情是社会舆情的一种表现方式，是公众在互联网上公开表达对某种社会现象或社会问题的具有一定影响力和倾向性的公共意见。天津社会科学院刘毅认为：网络舆情是由各种社会群体构成的公众，在一定的社会空间内对自己关心或与自身利益紧密相关的各种公共事务所持有的多种情绪、态度和意见交错的总和。华中科技大学纪红认为：网络舆情指在网络空间内，围绕舆情因变事项的发生、发展和变化，网民对执政者及其政治取向所持的态度。天津社会科学院王来华认为：网络舆情主要指网络使用者（俗称网民）的社会政治态度。

结合学界针对网络舆情给出的各种定义，笔者认为：网络舆情是指个人通过网络的某一平台发表对一些事件的看法或观点，而这些事件与他们发表的观点都与他们的生活息息相关，从而会获得很高的关注度。简单地说，网络舆情就是通过互联网表达和传播的各种不同情绪、态度和意见的总和。

网络舆情也是社会舆情的一种表现形式，反映着社会的方方面面。在目前的社会环境中，大多数网民对社会公共事务表达观点和意见，并借助网络平台扩散、传播、汇聚各种社会信息形成舆情传播。社会公众借助网络平台表达对社会公共事务的态度，满足自身利益诉求的集中表达。

网络舆情研究是现代社会舆情研究的重要组成部分，明确网络舆情的界定，对于网络舆情研究与实践操作具有十分重要的意义。

三、网络舆情的特征

传统舆情主要通过语言交流来产生事件影响力，与传统舆情的口耳相传相比，网络舆情的信息传播更具有快捷性，信息来源更具有广泛性，信息的记录更加清晰化，因此，网络舆情的具体特征是十分显著的，具体表现为以下几点。

（一）舆情主体地位的平等性

在传统媒体时代，信息的发布都要经过"把关人"的把关后，才会让受众接收到信息。"把关人"的作用实际上就是在受众接收信息前，将信息一一进行筛查，选择部分值得传播的信息，最终传播给受众。由此可以看出，每天都有大量的信息因被"把关"而消失在受众的视野里。新媒体时代的到来，人人都成为信息的发布者和接收者，传统媒体时代的"把关人"渐渐消失。通过网络，几乎任何信息都可以随时随地发布，不受限制。

在网络传播时代，每一个公民的传播属性都是平等的，这种平等性让社会公众愿意在网络上发表自己的观点和看法。在网络平台上每一种言论都有可能形成网络舆情。

（二）操作便捷性

现在是全民网络时代，只要有一部手机或一部电脑，你就可以在网络上发表自己的言论，让全世界看到你的言论或看法。自媒体时代的到来，更为这种便捷性提供了更好的环境。

（三）网民身份的隐蔽性

在网络上发表言论时，没有人知道你的真实身份，你在网络上发表的任何观点或看法都具有网络的"保护作用"，这种网络的隐蔽作用让网络舆情的发展更加"肆无忌惮"。

（四）传播内容的多元性

新媒体的出现，使得大量的信息充斥着我们的生活，从国家大事到社会上的小事，从柴米油盐到娱乐八卦，我们想找寻的信息都会在网络中出现。传统媒体时代，我们所能接触到的信息都经过了"把关人"的把关，不利于社会进步发展、不利于社会稳定的信息已经被剔除掉了。新媒体时代的到来，信息的传播变得更加多元和丰富，更多与我们密切相关的事情在网络上传播，极大地引起了我们的关注。

在网络上传播的内容可能涉及社会的各个方面，所涵盖的范围也十分广，没有一个严格的划分。网络传播内容的复杂多样性使网络舆情的形成也复杂多样。网民作为网络舆情传播的主体，他们不仅心系国家、社会，传播正能量，更关注周围的风吹草动，任何一件小事都可能成为他们关注的焦点。因此，新媒体时代的传播内容变得多元而丰富，网络互动也更加频繁。

（五）传播过程的交互性

随着新媒体的快速发展，微博、微信等移动社交软件成了人们的新宠。新媒体与传统媒体最大的区别在于：面对传统媒体，我们只能作为信息的接收者来接收信息，"我播你听，我放你看"是传统媒体时代受众接收信息的真实写照；新媒体的出现打破了信息单向传播的形式，我们不仅是信息的接收者，更变成了信息的发布者，我们同时享有接收和发布信息的双重权利，这为愿意接受新鲜事物、想不断尝试挑战、热切希望表达自己观点和想法的网民提供了一个绝佳的机会。

传播方式的交互性使得网民可以通过网络传播奇闻趣事，也可通过网络来了解国家大事、社会热点等人们共同关注的话题。网络的发展和新媒体的出现为网民提供了一个可以发表自己看法的平台，为网民提供了更大的空间，使得网民手里掌握了言论的主动权，可以主动参与到社会公共事务之中。网络信息的传播是一个互动过程，在互动过程中，网友们不断交流信息，进行多角度评论，最终具有社会性的观点或看法在网络信息传播中脱颖而出，形成网络舆论导向。

（六）主观片面性

因为人们在网络上发表言论不需要亮明身份，可以随意表达自己的想法，因此很多想法是冲动、激进的、主观的。同时，人们在网络上发表各种信息和言论，大部分是从自己的想法出发，站在自己的立场上考虑问题，很容易产生片面性，没办法全面地概括整个事件。

第二节　中国舆情制度的沿革

中国的舆情制度随着历史的发展不断变化、完善，这与每个时期的政治、经济、文化等环境都有着密切的联系。可以说，舆情制度在一定程度上反映了当时一定的社会环境。中国舆情制度的发展有两个阶段：中国古代的舆情制度和现代的舆情制度。

一、中国古代的舆情制度

我国古代舆情系统的核心就是收集和管理舆情。清代著名思想家魏源系统总结了古代获取舆情的渠道，如彻膳宰、进膳旌、诽谤木、敢谏鼓、师箴、瞍诵、百工谏、庶人传语、士传言、遒人木铎以徇于路、登记歌谣、审议祝诅、查访谤议、太学之子上书等。梁启超也说："及其立而为君，则有记过之史，彻膳之宰，进膳之旌，诽谤之木，敢谏之鼓，瞽史通诗，工通箴谏，大夫进谋，士传民语；设为种种限制机关，使之不得自恣。盍遵吾先圣之教，则天下之最不能自由者，莫君王若也。犹惧其未足，复利用古代迷信之心理，谓一切灾异悉应在人主之一身，而告之以恐惧修省。及其殂落，则称天而谥，动以名誉，名曰幽厉，百世莫改。"魏源所列举的舆情收集方式基本形成于先秦时代，今人或许会对这些方式感到陌生。尽管其归纳还不完全，但是这些方法却对后世产生了广泛的影响。尤其是秦汉，不仅继承了先秦舆情收集的主要方法，还创立了一系列更有效的办法，这些方法也被其后的历代执政者广泛采用，例如，上古时代流传下来的采诗观风、吏民上书、朝议。

其中，吏民上书言事也是执政者了解舆情的一个重要方式。《汉书·文帝纪》记载："五月，诏曰：古之治天下，朝有进善之旌，诽谤之木，所以通治道而来谏者也。今法有诽谤妖言之罪，是使众臣不敢尽情，而上无由闻过失也。将何以来远方之贤良？

其除之。民或祝诅上，以相约而后相谩，吏以为大逆，其有他言，吏又以为诽谤。此细民之愚，无知抵死，朕甚不取。自今以来，有犯此者勿听治。"《汉书·王莽传》中也有记载："……又置司恭、司徒、司明、司聪、司中大夫及诵诗工、彻膳宰，以司过。策曰：'予闻上圣欲昭厥德，罔不慎修厥身，用绥于远，是用建尔司于五事。毋隐尤，毋将虚，好恶不愆，立于厥中。於戏，勖哉！'""令王路设进善之旌，非（诽）谤之木，敢谏之鼓。谏大夫四人常坐王路门受言事者。"以上两段文字中同时提到了"进善之旌，诽谤之木"这两种方式。相传尧舜之时，在交通要道设立旌旗和木牌，让人们在旌旗下提意见，在木牌上写谏言。而"敢谏之鼓"，就是于门前设一个大鼓，无论何人，想荐贤士能臣，欲献治国良策，均可击鼓进言。"祝诅"则是指祈神加害于人的行为。文中还提到"司过之史，彻膳之宰"两个职务，《礼·戴记》曰："太子既冠成人，免于保傅之严，则有司过之史，彻膳之宰。史之义，不得不司过；宰之义，不得不彻膳，不彻膳则死。""司过之史"就是记载过失之史官，"彻膳之宰"则是以减膳之法对官员进行规劝。贾谊主张，对于成人后的太子，还应继续进行教育，需要通过设"司过之史""彻膳之宰""诽谤之木""敢谏之鼓"对太子的生活与工作进行监督。因此，如"进善之旌""诽谤之木""敢谏之鼓"等方式可谓吏民上书的原始形态。而魏源所提及的"彻膳宰"的主要职责是用减少饭食的方式进行监督，"审议祝诅"主要是对祈神妄图加害于人的行为进行判别和制裁，严格地讲，皆非获取舆情的渠道。

从史料记载来看，多数上书属个人行为，其内容以就时政发表意见为主。这些个人意见并不总是代表民意，但在一个较短的时期内，如果就某些社会问题的上书频繁出现，说明由此形成的群体意见已经出现，执政者通过接收吏民上书，可以掌握舆情。吏民上书的主要目的还是劝谏执政者。"谏"是古代下对上的一种进言形式，意为直言规劝，使之改正错误；"纳谏"即指受谏者采纳忠言。古代中国，盛世数出，但观盛世之形成，我们发现它与统治者的思想开明、善于纳谏、广开言路等很有关系。

二、中国现代的舆情制度

改革开放前舆情的收集与反馈靠的是宣传员与报告员的上传下达。宣传员把党的思想通过读报、广播、墙报、黑板报、谈话等方式传达给老百姓；报告员每两个月向老百姓收集意见并向上做汇报。人大代表、政协委员对民意进行收集，代表人民向中央提出建议。当时这些人所占比例较少，而且大部分是领导，不能完全反映人民群众的愿望。同时，建立信访制度，媒体进行新闻报道等。

1978 年召开的党的十一届三中全会标志着改革开放的开始，党和政府的舆情管控机制与方式在此后几年间取得了巨大进步。十一届三中全会以来确定了"解放思想，开动脑筋，实事求是，团结一致向前看"的指导方针，对新闻单位确立的以疏导为主，正面宣传为主，形成了弘扬主旋律、坚持正确的舆论导向等比较成熟的指导方针。同年10月，中央决定恢复和建立舆情管控机制。

随着互联网的不断发展，在这个"人人都有麦克风"的时代，许多舆论活动都是从互联网开始，产生了巨大的社会影响。为了加强舆论的监管，需要建立和完善网络舆论管理工作体系，建立协调一致的内外合作机制，有效形成整体联动工作模式；及时出台网络舆论管理规范性文件和政策，建立舆情监测体系，建立专门人才网络，有效理解和掌握网络舆论，对监测中发现的不稳定因素进行风险分析，并做出预测报告，使舆情监测提升到更高的水平；有关部门应当发布预警信息，充分利用广播、电视、报纸等传统媒体和博客、微博、移动新闻客户端等新兴媒体，确保数据收集的及时性和准确性；同时，加快推进网络舆论反应协调机制，积极探索并形成信息报告机制、突发舆论报告机制、联合办公机制等协调机制；并且为满足网络舆情响应工作的实际需要，有必要进行总体安排，集中配备领先的技术设备，实现功能升级，不断提高网络舆情监测和预警能力；扩大和升级互联网信息内容综合信息平台的功能和用途，积极推动建立覆盖各省、市、县的网络舆情监测系统，努力形成网络相关部门的全天候、综合和三维工作状态。

在这种环境下，政府逐渐开始注重提高专业队伍的实战能力，加强专业知识和技能培训，在各级机构轮训课程中设置有效应对网络舆论的课程，系统培养各级领导干部的网络治理能力，积极采用主动、开放的通信手段，通过实际工作减少和压缩网络炒作空间；加强网络发言人队伍建设，让主流、权威、可信、亲和的声音占据舆论高地；面对网络管理相对混乱的现状，及时进行网络舆情响应模拟演练，组织舆论应急机构开展突发网络舆论应急演练和处置技能培训，找出问题并及时进行完善。

总体来看，网络的发展给舆情的发展带来了影响。由于网络传播的参与成本低，人气集聚快，传播规模和影响可以迅速扩大，使网络舆情发展的集聚效应十分明显。依据时间轴线分析，网络舆情的发展具有"散播—集聚—热议—流行"四个阶段和"爆发、升温、延续"三个关口。网络舆情是以网络为载体，以信息为核心，广大网民情感、态度、意见、观点的表达、传播与互动，以及后续影响力的集合。它也是社会舆情在互联网空间的反映，带有广大网民的主观性，未经媒体验证和包装，直接通过多种形式在互联网上传播。"新意见阶层"和"公民报道者"在社会舆情中的地位迅猛崛起，"意见领袖"作用更加突出。"新意见阶层"和"公民报道者"的核心就是"意见领袖"。网络意见领袖由最初的"隐姓埋名"，到现在越来越多地站到前台，愿意公布自己的姓名，愿意加V（实名认证），愿意让社会公众认识自己，他们直接与有关领导和部门交流与对话，成为该利益群体的代言人，呈现"显性化"的趋势。因此，舆情通常会对社会产生显性的影响，并且被广大网民所关注和传播，逐步扩大影响力。

随着传统媒体与网络媒体的互动与融合，传统媒体对于网络舆情集聚的敏感度越来越高，相应地，纳入自身传播议程的比例也大幅度提高，而把握与控制网络舆情升温的空间越来越小。这对网络舆情引导的时效性和策略性要求就更高，需要将网络舆情处置与传统媒体报道的应对加以统筹考虑，以形成更为有效的全媒体引导策略及应对措施，尽量避免形成传统媒体大规模跟进传播的局面。因而，及时、主动地通过网络发言和网络评论回应舆情诉求，减少传统媒体的介入与传播，将相关舆情控制在合理的温度范围，不直接上升到舆情热议的阶段，是把控网络舆情的关键所在。

三、研究网络舆情的必要性

随着我国互联网的普及和发展，加上网络传播的高速性和便捷性，人们往往习惯于从网络上获取信息而不再仅限于报纸和电视。在享受互联网给我们的生活带来的诸多便利的同时，我们也不能忽视互联网自身的风险性。网络舆情是指网民基于互联网上对社会突发事件或与人们自身利益密切相关的问题所产生的不同意见而形成的网络舆论，是人们情感、态度、意见、观点的表达，具有时间短、传播快、影响大等特点。准确把握网络舆情热点，懂得运用网络传播规律，对于正确引导网络舆论、大力弘扬社会主义核心价值观、激发正能量意义重大。

"网络舆情"这个词近几年才开始兴起，但是它的出现对现在这个大数据时代是相当有益的，并且不管对企业还是对个人的帮助都是非常大的。移动互联网更是塑造了一种全新的社会生活形态。在当前"人人都有麦克风"的时代，当突发事件被媒体或者网民曝光上传网络后，在短时间内就会引起众多人的关注，被大量地转发、评论，通过网络迅速传播扩散，形成网络舆情。从近几年的突发事件来看，涉及灾难事故、公共卫生、社会道德、网络反腐等的都是网民热心关注的焦点问题。

现在网络已经慢慢地变成了热点事件曝光的主要平台和社会舆论的主要源头，并且在网络中舆情表达有非常多的渠道和形式，网络与手机结合日益明显，社交平台甚至成为非常有震撼力的渠道。微博和微信自2010年以来活跃度已经超越了传统的网络舆情载体，成为热点事件曝光和发酵的新宠。在西方的社交平台，大家都比较关注一些生活中的小事，而我国由于国情不同，大家会更关注时事新闻。网友通过网络的连接把自己变成了载体，而众多网友聚集在一起甚至相当于一个小型的时政新闻平台和论坛。

随着互联网的迅猛发展，媒体已不再局限于传统意义上的报纸、广播、电视了，网络媒体已成为新兴的第四媒体。以网络为代表的新媒体下一步将走向何方、最终的发展形态如何以及其迅猛发展将会给我们带来哪些冲击、对传统媒体和普通受众意味着什么等，都是值得我们思考的问题。从国家层面来看，网络舆情对社会影响越来越大，紧密关注网络舆情动向、不断加强网络舆情应对能力、切实防控网络舆情风险，进而影响整个社会的舆论或行为是政府和新闻媒体必须重视和认真对待的重大课题。相应地，不断关注网络舆情走向就是官方在进行社会治理、服务过程中必须要完成的重要工作。

互联网上的信息内容庞杂多样，内容价值取向复杂，它作为一个正在加速膨胀的思想阵地，具有虚拟性、隐蔽性、发散性、渗透性和随意性等特点，越来越多的人愿意通过这类渠道表达自己的想法，因此，网络舆情的爆发将会以"内容威胁"的形式逐渐对公共安全形成威胁。

有关如何控制、规范互联网信息等问题，一些国家机构从法律约束和行政制度上已经提出过一些措施。20 世纪 90 年代中期，许多国家就开始制定相关的法律，1995 年 6 月美国参议院通过了《传播净化法案》。新加坡政府则规定，新加坡的三家网络服务供应商和拥有网址的政党、宗教团体和个人都必须在新加坡广播局注册并接受其管理，管理的内容包括可能引起对政府痛恨或轻视的内容，或者煽动对政府不满的内容，以及危害公共安全和国防安全的内容等。但是，从技术上来说，互联网是完全开放的，每个人都有机会成为网络信息的发布者，每个人都有选择网络信息的自由。根据我国互联网发展现状，再总结其他国家经验，加强互联网信息监管的同时，组织力量开展信息汇集、整理和分析，对于及时应对网络突发的公共事件和全面掌握社情民意很有意义。

随着现代信息技术的推陈出新，除了网络新闻、网络论坛等传统应用，又出现了新闻聚合平台、短视频等新形态的信息交互模式。具有范围广、交互性强、更新速度快等特点的网络传播从根本上改变了传播者与受传者之间的关系，是对传统传播模式的解构和颠覆，在网络这个人人共同拥有的信息平台上，传播者和受传者处于完全平等的地位，共同享有根据自己的需要选择信息的自由与发表意见和观点的权利。

网络舆论已成为社会舆论的一种重要表现形式，但我们也要看到社会舆论的另一面，即舆论的局限，孙志刚事件、刘涌改判案例等著名舆情事件使很多人认识到，网络舆情已经能对有关部门的决策产生影响。由于网络舆论缺少传统媒介环境下的"把关人"，因此，它具有较大的局限性。因此，必须有效地对网络舆论信息进行汇集以及整理，进一步对舆论进行引导和控制。

第三节 网络舆情生成诱因与根源

一、社会转型时期矛盾凸显

社会主义经济飞速发展，人们的物质生活得到了极大的满足，人们的日常生活也丰富了起来，在满足日常的衣食住的需求之后，网民开始关注精神层面需求的满足。

我国现阶段处于重要的社会转型时期，经济高速发展，文化百花齐放，同时社会矛盾也凸显出来。在这段时期，社会风气浮躁，公众容易产生一些焦虑心理。面对转型期的变动，公众需要相应的时间来适应，同时，新的法律还没有完善起来，面对一些新情况使用旧的法律可能会存在一些争议，群众把事件放到网上就会引起舆论风暴。比如，2020 年年初的一件性侵案在网上引起热烈的讨论，有的网友认为数年前的法律已经不太适用于现在的情况，建议更新一些法律的判刑标准，还有一些网友认为目前的法律体系存在较大的问题。这些讨论引发了较大的舆情风波，最高检察院派出了专门的调查组赴当地进行调查。

同时，信息技术的发展大大降低了发布信息、观点的门槛。不同社会阶层有不同的利益诉求，他们在网络上为自己的利益发声，他们的看法在互联网上进行碰撞，摩擦出舆情的"火花"。

麦克卢汉认为电子媒介的出现让我们整个社会变成了"地球村"。随着网络的繁荣和网络技术的发展，以及网络具有的主体隐蔽性、传播多样性、传播快捷性等特点让网络用户在网络上可以畅所欲言。网络时代每个人都是信息源，每个人都可以是网络舆情的源头。

当然，网络舆情的出现归根到底还是因为线下事件的发生。公众在现实生活中遇到了富有争议的事情时，就会把这些事情发布到网上。没有社会事件的发生，网络上就不会有舆情出现，因此，网络舆情是客观事件在网络上的反映。

二、信息缺失引起恐慌

现代传媒环境越发复杂，虽然各类新媒体层出不穷，但是对于舆情事件的信息披露往往无法全部传播到公共舆论场中，特别是对于一些公共事件，事件的调查与处置都需要时间，这也会造成一定时间段内的信息缺失。得到部分信息的网民无法得知事件的完整情况，信息的缺失和失真会引起网民更大的恐慌，造成更大的舆论风险。

随着网络舆论传播的加快，公关部门的重要性也日益凸显。日本核电事件发生后，网络上传出盐要被污染的谣言，这个谣言在不明情况的网民中广泛传播，谣言越传越广，引发了线下的哄抢食盐事件，经销商也开始哄抬盐价。原本发生在日本的重大公共安全事件，却在中国的舆论场中掀起风波。抢盐事件一经发酵，网络舆论风险已经产生。由此可见，公关部门即时更新信息并回应舆论场和现实中出现的问题，是非常重要的。

三、复杂多样的传播媒介提供平台

网络舆情的生成与网络和新媒体密不可分。近年来微信、微博、抖音等手机应用流行，网民可以通过这些手机应用在网络上发表自己的看法，分享自己的身边事。此外，可供大众发表看法的平台也多种多样，如微博热搜功能可以让网民实时了解社会上发生的热点事件。

在传统媒体时代，网络与新媒体还没有出现，公众了解社会主要通过传统媒体，能够获得的信息范围比较窄。但是在网络时代，公众可以了解到全世界的最新信息。比如，复旦投毒案在网络上发酵，作为网络另一端的公众知晓这一信息，越来越多的网友参与讨论，引发舆情风波。这场舆情风波一方面损害了高校的名誉，另一方面也会让学生和家长担忧学校的安全问题。

社交媒体为公众提供了交流传播信息的平台，同时也扩大了舆情事件的传播范围，使知晓和参与讨论的人越来越多，事件的演变方向更加无法把控，同时也会导致不同的利益主体利用负面舆情来制造社会恐慌。

媒体，无论是传统媒体还是新媒体，作为舆情事件和公众的中间人，在信息传播的过程中发挥着重要的作用，但是一些媒体为了自己的目的和利益，有时会发布一些片面信息甚至错误的报道，网民在获取信息后会进一步扩散，导致虚假信息在网络上流行开来，也会引发舆论风险。美国传播学者李普曼的"拟态环境"理论认为，我们在网络上得到的信息其实是被媒体加工后的"象征性环境"，媒体在传递信息时会根据自身新闻框架发表相应的观点，这就容易产生"传播的偏向"，这种偏向也会诱发舆情。

因此，作为"社会瞭望哨"的媒体应该承担起相应的社会责任，避免传播虚假信息和谣言，以减少对群众的误导。

四、不同利益主体差别较大

不同利益主体会为了流量、关注度、金钱等各种利益，发出不同的声音，并在网上积聚起舆论风暴，推动舆情产生，输出自己的利益诉求。

网民群体本身受教育程度、生长环境、社会认知有差异，对事件的理解能力和表达能力也有差别，这些都会造成舆论风险。

每个人的社会经历不同，这使每个人的三观和对社会的感受都有偏差。男人和女人看待事物的角度有所不同，东西方的人待人接物方式也有差别，经济地位较高的和经济地位较低的人对待同一件事的看法也会有差别，所有这些差别结合在一起就构成了网络环境的千差万别。每个人都可以在网络上发表自己的看法，对待同一件事有的网民会同情，有的网民会憎恶，看法不同，发表的评论也会不同，网络舆情自然就形成了。比如，对待"城管"这一职业，不了解的人会固化思维，同意网上广为流传的"恶霸"形象，但是那些了解城管的人可能就会有不同的看法。情感是网友参与网络讨论的源头，情感差异也会导致网络舆情的出现。

另外，网络舆情的生成和意见领袖也有重要关系。意见领袖一般是有较多群众基础的个人，其发表的言论更容易被大众传播。例如，在微博上明星和"网红"拥有一定的粉丝基础，这些明星和"网红"发布的博文浏览量就会比较高，容易生成网络舆情。林允在小红书上分享自己的美妆和护肤心得，沈梦辰在闲鱼上出售二手物品，这类事情本身很常见，如果一个普通人去做可能不会在网络上激起水花，但是因为她们拥有一定的粉丝基础和公众熟知度，这两件事就会发酵成网络舆情。

案例讨论：重庆公交车坠江事件

一、事件回顾

2018年10月28日，重庆市万州区长江二桥上一辆公交车与一辆轿车相撞后冲破护栏坠入长江。事发后，多家媒体报道称，事故系公交车避让一辆逆行的小轿车所致，后经查明，公交车在行驶过程中突然越过中心实线，撞击对方正常行驶的小轿车后撞断护栏，坠入江中。11月2日，官方发布通报，认定该事故系公交司机与一名乘客起争执造成车辆失控所致。随着官方公布事故细节及真相，舆论的焦点从审判女司机转到批判媒体、自媒体的失实报道，再转到批判女乘客刘某以及公交司机，网络舆情在此期间不断发酵。

二、舆情趋势

事发后，12:03重庆市公安局万州区分局发出通报称事故正在调查中；17:46万州警方再次发布案情通报，称经初步事故现场调查，系公交客车在行驶中突然越过中心实线，撞击对向正常行驶的小轿车后冲上路沿，撞断护栏，坠入江中，事故原因在进一步调查中。

图 1-1 是当地警方在 12:03 发布的通报，确认有公交车坠江。图 1-2 是当天 17:46 当地警方再次发布的通报，说明了公交车坠江事件的一些细节。在两则通报发布之间的时间段，网络上有多家媒体、自媒体发布"逆行女司机""女司机被控制"等文章、资讯，同时网上流传着 21 秒的事件现场视频（见图 1-3），自媒体账号以及网民开始对被公交车撞击小轿车的女司机进行网络批判，直到 17:46 的通报指出女司机为正常行使。

图 1-1　当地警方 12:03 发布的通报

图 1-2　当地警方 17:46 发布的通报

图 1-3　多家媒体、自媒体发布的错误信息

　　在女司机为正常行使的状况下，自媒体大 V①（见图 1-4）、网友开始辟谣，也有一些曾经批评过女司机的网友也对自己的错误言论进行了道歉，同时网民批判媒体和大 V 发布不实信息误导公众，主流媒体对此通报也进行了转发报道。

　　随后媒体、公众转向对事故本身的救援打捞、万州长江二桥防护栏的安全系数以及责任划分赔偿等话题进行持续关注，以界面新闻、人民网、《新民周刊》、中国新闻网等为代表的主流媒体对事件细节进行了跟踪报道，如图 1-5 所示。

图 1-4　大 V 辟谣　　　　图 1-5　中国新闻网官博对坠江大巴车搜救进行跟踪报道

　　"时间视频"账号发布公交车坠江前正面撞击视频（见图 1-6），引发《人民日报》、头条新闻、互联网的那点事等媒体和网络大 V 转发传播。

图 1-6　时间视频发布的正面撞击视频

---

① 大 V 指获得微博认证的意见领袖。

11月2日，人民网、平安万州、重庆发布等媒体和政务微博公开了公交车坠江原因和车内黑匣子视频（见图1-7），头条新闻、《人民日报》、蓝鲸财经记者工作平台（见图1-8）、央视新闻、90后等多家媒体和网络大V对此进行了转载，#重庆公交车坠江原因#的微博话题阅读量达14.6亿，引起人们的强烈关注。

图1-7　车内黑匣子视频截图　　　图1-8　蓝鲸财经记者工作平台对坠江原因进行报道

随后，官博、网友们开始分析乘客与司机之间互殴行为的法律问题，一致认为双方缺乏安全意识和规则意识，造成此次事件15人死亡的后果，严重危害公共安全。针对此事件国家出台了相关违法犯罪的意见书，严惩妨碍公共交通工具安全驾驶的行为，如图1-9所示。

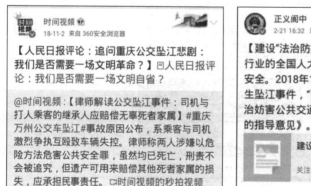

图1-9　官博就此事涉及的法律问题进行讨论

三、事件总结

通常而言，媒体报道重在尊重事实，用真相说话。但在重庆公交车坠江事件中，部分媒体另辟蹊径，发布错误消息，在报道标题中突出了"女司机逆行"这一标签，这个错误被更多媒体照抄照搬，这类自带爆点的新闻把公众的愤怒之火引向女司机。女司机作为受害者却身陷舆论旋涡，在心理上遭受了巨大的伤害。真相被揭开后失责的媒体却以沉默草草了事，并没有在舆论场中明确失责媒体及人员的责任。从这次舆情事件中也可以看到，如何让媒体更真实、不博眼球地进行新闻报道，发布失实报道后又如何追责、如何救济仍是网络舆情领域的一大治理难题。

此外，依据《中华人民共和国刑法》的规定，骚扰甚至殴打正在驾驶车辆的公交车司机随时可能导致车辆失控，引发严重后果，此种行为产生了造成不特定多数人的人身和财产安全的危险，即使事实上未造成严重后果，依然符合以危险方法危害公共安全罪的犯罪构成，当追究行为人的刑事责任。

【习题与思考题】

在这次公交坠江事件中，官方信源与自媒体各自起到了什么作用？

【实践任务】

结合公交坠江这一舆情事件，分析"刻板印象"在舆情传播过程中所起的作用。

【背景资料】

网 信 办

网信办全称为中华人民共和国国家互联网信息办公室，于2011年5月成立。

网信办的主要职责包括：落实互联网信息传播方针政策和推动互联网信息传播法制建设，指导、协调、督促有关部门加强互联网信息内容管理，负责网络新闻业务及其他相关业务的审批和日常监管，指导有关部门做好网络游戏、网络视听、网络出版等网络文化领域业务布局规划，协调有关部门做好网络文化阵地建设的规划和实施工作，负责重点新闻网站的规划建设，组织、协调网上宣传工作，依法查处违法违规网站，指导有关部门督促电信运营企业、接入服务企业、域名注册管理和服务机构等做好域名注册，互联网地址（IP 地址）分配，网站登记备案、接入等互联网基础管理工作，在职责范围内指导各地互联网有关部门开展工作。

第二章

网民行为及心理特征

学习目标

结合具体网络舆情案例，运用传播学的相关知识分析网民的特点；精确把握网民的概念和内涵，了解网民作为舆情主体的基本特征，特别是要掌握网民的互联网使用行为和心理。

作为网络舆情的主体之一，网民在整个舆情产生、发展、演化的过程中作用十分明显，因此，要倾听网民的声音，了解他们内心的想法，只有这样才能及时、准确地回应网民的诉求，而要深入分析网民，就要从掌握网民的概念和内涵开始。

第一节　网民的概念及内涵

随着互联网的兴起，网民群体逐渐作为一个整体登上了舆论场的舞台中心，作为网络舆情事件的主要参与者和利益相关方，网民受到了多方关注。网民这一概念从被提出起就受到了很多因素的影响，就中国的媒介生态环境来看，"网民"这个概念和"人民"等群体具有密不可分的关系。

有学者提出，网民就是网络使用者，但是，二者其实还是有一定差别的。"网络使用者"这个概念，相对于"网民"这个概念来说，所覆盖的范围更加广泛，也更加随意。网络使用者一般是指所有使用网络的人，不限终端。也就是说，只要是使用网络的人，都被归入网络使用者的范畴。这就几乎抽离了网民所具有的社会性和能动性，如果将二者等同的话，会使"网民"的概念变得简单化。

"网民"这个概念相较于"网络使用者"这个概念，更能凸显出网络给社会带来的天翻地覆的变化。米切尔·霍本最早提出"网民"概念，他认为人们所理解的网民有两种含义：第一种包含了任何一位网络使用者，判断依据是有没有进行互联网活动；第二种指那些愿意以集体的方式去建设一个好的网络环境的网络使用者。也就是说，并不是所有网络使用者都有资格被称为"网民"，霍本认为只有具备了一定的社会关怀意识，有一定特点的网络使用者才能够被称为"网民"。后续的学者们也基本接受了霍本的这一观点，都非常强调网民所具有的社会性。

综合各方观点，笔者认为，网民就是建立在个体意识基础上的，在网络活动方面呈现出某种特质，并且能够对社会公共事务表现出较为一致的态度和看法的网络使用者。

作为互联网伴生品的网民，其内涵也是随着互联网的发展而不断发展变化的。而在中国的舆论场中，网民除具备"网络使用者"这个群体的个体意识，其内涵与责任和义务同样不可分割。在"全国科学技术名词审定委员会"发布试用新词中，将网民解释为：网络就是一个虚拟的"社会"，而网民就是这个虚拟社会有责任和参与其中的"公民"。由此可见，在中国的媒介生态环境中，"网民"一词的含义中还包含了一定的公民属性。

在网络舆情的研究范畴里，网民这个群体还需要细分：一部分是单纯围观、简单发声的网民；还有一部分就是针对网络媒体平台某一特定的话题进行自主分析并表达自身意见和态度的网络使用者，而且，他们的意见和态度会对某些群体产生深刻的影响，这就是意见领袖。

意见领袖这个概念在传统传播模式中已被提出，在移动互联时代，意见领袖的作用得到了更大的发挥。网络舆情事件层出不穷，当某一特定的现实社会事件触及网民的情感或价值观时，他们就会对其发表意见，充分表达自己的态度。网络作为一个虚拟空间，汇聚了社会上不同身份的独立个体。虽然网民之间互不相识，但随着他们之间的信息交流，就会在网络上产生对同一事件持不同看法的若干意见群体，在这些群体中就会逐渐孕育出意见领袖，作为意见群体的"代言人"。这些意见群体和意见领袖对舆情事件的传播发展会产生重要的推动作用，并对现实社会和其他公众产生影响。

第二节　网民的舆情主体特征

网络舆情的传播过程中，传统传播学理论中的传播者、受传者的界限已经变得非常模糊。网民既是传播者，又是受传者。网民借助各类网络与新媒体传播平台，搜索各个渠道中的信息，这个阶段，网民是受传者。同时，网民介入舆情事件的传播过程，又经过自身的加工、整理，对获取到的信息进行整合，通过个性化的传播方式发出个人的声音。这个阶段，网民又变成传播者。有一些舆情事件，首先"爆料"的信源就是普通网民，其身份又变得更加复杂。

网民是伴随互联网的发展而产生的，随着互联网的快速发展、大众传播形式和媒介的丰富，网民作为信息的传播者和接收者，已经将网络作为自己深度参与、表达意见的重要平台。每次出现舆情事件，其背后体现出的都是网民的深层心理，是社会现实呼应了网民整体的心理状态，特别是强大的"代入感"裹挟着网民一同参与其中。这种参与，可以是主动发出声音，也可以是"围观"行为。以主要的网络舆情事件为研究对象，以其中的网民作为分析重点，经研究不难发现，作为网络舆情的主体之一，网民体现出了以下几个共同的特点。

一、网民不能代表全体社会公众

虽然我们要重视网络舆情，重视网民的态度和意见，但是，一定要先明确一点：网民表达出的意见和态度并不能代表全体社会公众，之所以这么说主要基于以下几点原因。

（一）网民只是全体民众的一部分

即便中国的网民数量已经超过了 10 亿人，但是，仍然有几亿民众并不符合"网民"的标准，他们使用网络的时间、频率等都并不高，更无法在网络舆论场中传达出自己的声音。

（二）网民中有较强的表达欲望且拥有一定话语权的只占较小比例

回顾历次网络舆情事件，能够看到关键的传播者都是平时较为活跃的网友——"大V"或是意见领袖。大量网民在网络上只是持观望态度，并不发表意见，也有一些网民上网只是为了工作和获取信息。虽然有些网络舆情事件表面看上去舆论汹涌，但是实际上发表意见的网民占全部网民的比例很小，而这些人占全部民众的比例则更小。

（三）网络与新媒体平台中存在"虚假流量"问题

网络与新媒体平台有着较大的赢利压力，各方利益相关者通过网络与新媒体平台都有自己的利益诉求，因此具有较大的流量冲动。在平台方的默许，甚至纵容之下，虚假流量成为网络舆论场中不容忽视的存在。在网络舆情事件传播的过程中，虚假流量的出现也会裹挟民意，形成虚假的舆情。

网络推手就是虚假流量背后的主要推力。网络推手的存在和发展通常以赢利或者其他利益驱动为目的，是伴随网络发展以及营销需求产生的必然产物，往往表现为对一个企业、品牌或某一特定事件进行酝酿、策划，使其扩散，将个人或某一特定组织的言论扩散传播成为大多数人的意见，由此形成社会舆论话题。网络水军与网络推手存在紧密联系，网络水军通常由公关公司组织，表现为对一个议题进行策划推广对事件的传播进行大批量的发声造势，形成网络舆情。网络水军这种营销方式的出现和壮大，是新媒体时代网络营销商业化的必然结果，在一定程度上迎合了社会需求。网络水军的影响力不容小觑，一些网络事件的矛盾激化离不开水军的推动，同时，其对公众和政府在某些情况下也会产生误导，用臆造的舆论掩盖住事实。例如，在明星的网络口碑打造上，常常有一些"拉踩捧"的通稿，评论区就会出现明显的"虚假流量"。明星的公关公司为了给明星"立人设""塑形象"，通过雇用"水军"利用网络进行炒作，将一些负面的新闻或事件"洗白"，从而实现公关目的，维护明星形象。

二、网民是影响网络舆情的重要力量

在现在的传媒环境里，每个人都有合法发表自己言论的权利，网民作为一个庞大的群体，因此倾听其声音就显得尤为重要。网民的意见代表了一个群体的意见，同时他们身份特殊，他们的声音汇聚在一起，就形成了针对某一事件的舆论，形成网络舆情。现在，互联网非常发达，政府部门也随着时代的变化而在不断提升利用网络的能力，各个部门开通了各类网站、自媒体等，也设置了各级专门的网络监管部门，用来倾听网民的意见。网民可以通过网络与新媒体平台对政府工作提出意见，监督政府工作人员，行使自己的舆论监督权。

网民的意见可能通过网络舆情的方式进入政府相关部门的决策性程序，影响到政策、法规，以及个案的处理结果等。例如，2019 年 7 月 30 日，一位保时捷女车主掴一位男司机的视频在网上流传开来。在重庆渝北区两路附近，一辆保时捷在掉头时和一辆奇瑞汽车发生了剐蹭。保时捷女车主下车后指着奇瑞男车主破口大骂并且上手扇了对方一巴掌，随后男司机也扇了女司机一巴掌，甚至连对方帽子都扇飞了。这一视频被路过的网友拍下并在互联网上广泛传播，引爆舆情。

据事后调查，此次事故的责任不在奇瑞车主而在保时捷女车主，因为她斑马线调头属于违规行驶。这件事情能成为网民热议的焦点并不是由于交通违法行为，而是保时捷车主做错事后的嚣张表现，特别是言谈中所表露出的"权力意识"。

首先，她违规行驶导致剐蹭并没有道歉而是先下车给了对方一巴掌；其次，她带着高帽脚踩高跟鞋嚣张出现，言论更是非常无礼，甚至还透露出自己有背景，企图以

"权力"来迫使对方屈服。这些才是激起民愤、引发舆情的关键，而网民的关注也引起了相关部门对该事件的重视，事后交管部门针对该女子的违法行为做出了处罚。

回顾这次舆情事件，可以看到，网民作为重要的力量，能够在一定程度上左右网络舆情事件的走向。

三、网民发表言论的核心是社会政治意见

网民在互联网上关注的焦点，一般都是与自己密切相关的社会公共事件，如重大公共卫生事件、社会热点事件等。这些事件会激发网民的参与感，他们不但会"围观"，而且会积极发表意见。例如前面的保时捷女车主的舆情案例，网民要求严惩女车主，主要是为了从舆论上震慑相关利益群体，希望当自己遇到类似事件时，能够获得一个公正的结果。同时，网民对这类社会不公事件进行关注并支持受害者，所表现出来的舆论合意也会使他们确信，假如真的遇到这类事件，其他网民也会支持作为受害者的自己。

无论网民发表的言论是否正确，主观意图如何，又是否表现得过于偏狭，网络都已经为网民提供了表达渠道，使他们可以随时参与到社会公共事件的舆论场中，对公权力进行监督。从这个角度来说，网络舆情属于典型的民间话语，通过这种方式，网民获得了政治事件的参与感。通过这种方式，网民也真正影响到了一些事件的进程。比如，许多城市都发生过市民对即将建设污染严重的工程表示不满甚至抗议的事件，事件的整个进程在网络舆论场中形成巨大的声浪，引发了重大的网络舆情。这主要是因为，此类项目和网民的自身利益联系紧密，他们必然会在互联网上为自己的利益发声。

这种情况下就非常考验各级政府的治理能力。我国政府非常重视民众的意见，特别是重视民生，在这个背景下，网民通过网络舆情的方式表达社会政治意见就显得尤为重要。

当然，在倾听民声时，也要认识到网络舆情可能带来的潜在危害。现阶段，还是有很多网民发表言论时表现出非理性、情绪化的特点，甚至有不同利益主体会介入舆情事件，利用普通网民的这种特点达到自身目的。因此，要十分警惕网民作为网络舆论主体对社会政治可能带来的不利影响，不能将网络舆情作为全部的参考意见，在具体事件的研判上，还要具体问题具体分析。

第三节　网民网络使用行为分析

我国网民已经是一个极为庞大的群体。2021年9月15日，中国互联网络信息中心

（CNNIC）发布的第 48 次《中国互联网络发展状况统计报告》显示，截至 2021 年 6 月，我国网民规模为 10.11 亿人，较 2020 年 12 月新增网民 2175 万人，互联网普及率达 71.6%，较 2020 年 12 月提升 1.2 个百分点。截至 2021 年 6 月，我国手机网民规模为 10.07 亿人，较 2020 年 12 月新增手机网民 2092 万人，网民中使用手机上网的比例为 99.6%，与 2020 年 12 月基本持平。

10.11 亿中国人都成了网民的一分子，由于我国人口结构较为复杂，地区差异、城乡差异也非常大，这导致网民的互联网使用行为也有很大的差异。

总的来看，我国网民上网行为主要特征如下：娱乐为主、沟通为辅。这主要是由于农村地区网民和低年龄段网民在使用互联网的过程中目的性较强——为了娱乐，通常的上网行为是看视频、玩游戏等。从主要的网民群体特征来分析，可以发现，群体的特质差别较大，这导致他们的网络使用行为也呈现出较大的差异性。

一、农村地区网民

农村地区网民上网行为的目的很强，以娱乐为主，主要为玩游戏、看视频、网络聊天等。网络为这部分网民提供了一个在休闲时间放松的场所，这和农村地区的大环境，以及人群的整体文化层次有直接的关联。

农村地区的居民多以农业工作者为主，工作目的很大程度上是养家糊口，在工作时通常没有休闲娱乐的时间。在农村居民生活的空间中，主要依靠经验，并不需要太高的文化水平，也没有较强的求知欲望，而且，农村的娱乐场所相对较少，娱乐方式也比较单一，他们在现实生活中无法实现的娱乐需求，可以通过网络空间中的游戏、短视频来满足，他们的网络使用行为也无须和他们的工作有太多的关联。

针对这部分网民以娱乐为主的网络使用行为，有互联网公司深入下沉市场，专为他们提供娱乐类产品。

二、低年龄段网民

低年龄段网民上网行为也呈现娱乐为主的特点则是由于这部分网民心理和身体的发育都不成熟，很容易沉溺于自己喜欢的事物，特别是对于还在上学的孩子来说，面对枯燥的课本和沉重的课业压力，在课后很需要通过上网娱乐来缓解，但是他们往往因为心智不成熟、自制力太差而导致不能合理安排上网娱乐休闲的时间。

低年龄段人群上网行为以典型娱乐为主还有一个原因，就是他们没有生活压力，时间较多。这个年龄段的网民往往只需要学习，而且是以升学为导向的学习，只要实现这个核心诉求，其他的负担极小。这样，在网络使用过程中，相对就容易形成完全的娱乐导向。

三、城镇地区网民

城镇地区网民的上网场所主要是在家里和工作地点，他们使用网络主要是为了获取信息、新闻，以及进行休闲娱乐。相比于纯娱乐的媒介消费取向，这部分网民在网络使用过程中有较为丰富的媒介使用需求，会多方面地使用网络，达到工作、娱乐和获取信息的平衡。

城镇网民在使用网络时，不再是单纯地打游戏、看视频，他们往往需要用网络搜索信息。无论是工作还是生活，他们都需要使用网络，这就导致他们并不会完全被娱乐类信息吸引，而且城市的娱乐场所较多，娱乐方式也更为多样化，因此，他们不会完全依赖网络来进行娱乐。

同时，城镇竞争压力较大，网民有较为迫切的自我提升的需求，因此，其网络使用行为会有更多的学习、搜索信息等行为。

四、高年龄段网民

高年龄段网民的网络使用行为中较少出现娱乐化倾向，因为这部分网民的娱乐与年轻一代所理解的不尽相同。娱乐化内容对这部分网民的吸引力不足，他们的上网行为中更多的是浏览资讯，搜索感兴趣的内容和工作内容。这部门网民使用网络主要用于工作，而非娱乐。

以上，是从年龄、城乡结构等角度对网民进行的分析。综合来看，年轻一代网民仍然构成我国网民群体的主力，网民总体也呈现出年轻化、年轻态的特点。随着现代信息技术的发展，网民对网络的了解也更加深入，对网络的使用越来越多样化。根据CNNIC 的统计数据，截至 2121 年 6 月，我国即时通信用户规模达 9.83 亿，短视频用户为 8.88 亿，网络新闻用户为 7.60 亿，网络购物用户为 8.12 亿（见图 2-1），网上外卖用户为 4.69 亿，网络支付用户为 8.72 亿，网络视频用户为 8.88 亿，而且以上个人应用类用户都较 2020 年呈上涨趋势。

通过数据可以看出，目前即时通信用户的数量最多，这是因为移动通信的首要功能就是即时沟通，几乎每一位拥有移动设备的人都有即时通信软件，如微信、QQ 等。用户数量位列第二的是网络视频，由此可以分析出，视频及短视频深受网民喜爱，尤其是短视频用户数量十分庞大。目前年轻人是网民主力，他们的工作压力和社会压力很大，而短视频呈现的碎片化特征不需要网民花费太长时间，可以随时随地观看，因此目前短视频及视频市场在不断扩大。

图 2-1　2018.6-2021.6 网络购物用户规模及使用率

第四节　网民心理特征

在当前的网络舆论场中，网络舆情事件传播过程中的"把关人"相对缺位，任何网民都可以在任何网络与新媒体平台自由发表评论、表达意见，实现网络舆情的病毒式传播。网络与新媒体的普及和应用逐渐改变了原有的社会传播方式，个体拥有了网络信息的传播权，在这种媒介生态环境下，网民的社会心理就是网络舆情的基础。

网民心理特征分析是研究网民行为以及网民对舆情反应的重要部分。因为网民的心理会决定他们的互联网使用行为，而这种心理也会受到传统文化心理的影响，同时也会受到外来文化的冲击。瞬息万变的当代社会，也使网民呈现出多变的特点。总的来看，网民的心理特征主要包括以下几个方面。

一、彰显个性的心理

网络具有虚拟性，虽与现实社会相连，但是又相对独立于现实社会。网络的匿名性使网民可以隐匿自己在现实社会中的真实身份，以完全不同的身份出现在网络中。只要其有意隐匿身份，其他网民很难获知其线下的真实身份。这种特征会减少网民原本在现实世界中面临的群体压力。因为，我们在线下的真实生活中会受到文化、传统、道德、法律等不同层面的约束，行为举止等也要受很多制约，这些有形或无形的压力对我们的个性都是一种束缚。但是，在网络空间中，线下的这些束缚相对就会减少，自身的个性也就会更多地释放出来，当网民在网络中感受到这种自由后会更倾向于彰显个性。网络舆情事件一般较为复杂，从中可以找到不同的解读视角，网民们也会寻找到个性化的角度来进行解读，参与事件的讨论。

二、强烈的公共事务参与心理

目前，年轻人是网络空间的主力军，也是网络舆论场的活跃力量，他们在网络上的参与性更高，也有更敏锐的政治敏感性，又具有强烈的表达欲望，对社会公共事件非常关注。

人们在网络空间发表意见、观点越来越自由，参与各类社会公共事件的门槛也越来越低。在互联网普及之前，公众参与社会公共事件的渠道较少，表达空间也不大。但是在互联网普及之后，社会公共事件发生后短时间内就会在网络上出现，网民也可以迅速参与讨论，相近的观点能够快速地获得回应，这种快速的回应又会反过来激发网民们参与社会公共事件的讨论。

三、追求新知的心理

在互联网普及之前，人们对资讯、知识的获取受物理空间和时空的限制较多。而在互联网普及之后，网民们在网络空间中获取最新的资讯、知识等非常便利，网民们可以即时获得网络空间中的海量信息，而不受时间、空间的限制。新的文化、新的资讯随时可能出现，网民们时刻关注着最新的信息。由于整个网民群体都处于即时接收最新信息的状态，因此一旦个体在新知获取上缺位，就容易产生失落感，产生脱离群体的感觉。个体感受到群体的压力，就会推动个体去获取新知。网络舆情从爆发到消退，一般周期较短，如果没有即时跟踪相关信息，很容易就会失去对事件发展动态的掌握。从这个角度来看，网民也会更多地跟进最新的网络舆情事件，并且追踪最新的动态信息。

四、网络暴力倾向心理

从心理学的角度来说，在一个没有任何约束的空间，人性本来的暴力倾向和攻击性会彻底释放出来。网络空间就提供了这样一种几乎不受约束的场所，使网民的暴力倾向得到了很大程度的释放，具体体现在网络暴力上，如暴力人肉搜索、语言攻击等。

从传播学的角度来说，"沉默的螺旋"理论也能够解释这种现象的成因。"沉默的螺旋"理论的提出者诺依曼认为，舆论的形成是大众传播、人际传播和人们对"意见环境"的认知心理三者相互作用的结果，经大众传媒强调提示的意见由于具有公开性和传播广泛性，容易被当作"多数"或者"优势"意见所被人认知，这种环境认知所带来的压力或安全感，会引起人际接触中的"劣势意见的沉默"和"优势意见的大声疾呼"的螺旋式扩展过程，并形成社会生活中占压倒性优势的"多数意见"。

人的社会天性是避免受到孤立，力图寻求支持，因此在表达自己意见时会观察周围环境，一旦发现自己处于多数人群体时便敢于表明自己的态度，而处于少数人群体时，便倾向于保持沉默或屈服于多数意见。这种对周围环境的观察，很容易让持有正确意见的少数人保持沉默，而"表面上正确的"多数人意见拥有更多的支持者，形成"多数人暴政"。

网民有网络暴力心理和这一理论也有密切的关系，因为他们是一个群体，一旦有一个人和自己持有相同的意见，便迅速表示赞成并形成多数人的优势，但这种优势并不代表所采取的立场、所发表的意见就是正确的。网民有背后群体的支持，所以不怕自己因为观点不当被他人批评，因为即使这个观点被攻击，持有相同观点的群体也会共同进行反击，因而持相同观点的多数人并不在意是否有对他人造成网络暴力，网络暴力事件也因此层出不穷。

五、追求自我实现的心理

按照马斯洛需求层次理论，自我实现是人类的最高需求。网民在网络舆论场中并没有特别大的物质需求，追求的反而是心理上的自我实现。在网络空间中，每个个体都可以凭借某方面突出的特质成长并成为意见领袖，从而满足其自我实现的需求。网民即使无法成为"大 V"或成为一个长期的意见领袖，但在网络舆情事件中，能够通过发声获得粉丝的追随，成为瞬时意见领袖，也可以在一定程度上满足自我实现的心理。

六、平等意识的强化

网民对社会公共事件关注主要是由于这类事件与自己的生活息息相关。虽然网络舆情事件发生在千里之外，但是，其中的背景、涉及的人物等，是自己可能在生活中遇到的。网民发声，也是希望自己的声音能够起到作用，这是网民的一种典型心理，我们从众多网络舆情事件中都能够看到这种心理的具体表现。而如果没有网民的关注、支持和监督，很多网络舆情事件在线下的处理也有可能出现问题。

网民这个群体的急速扩大是当前社会的突出现象。伴随着网民政治意识的形成和话语权的增加，网民的内涵也越来越丰富。在网络舆情发展过程中，网民作为重要的主体之一，对舆情的发展、变化具有十分重要的影响，这就需要去深入分析网民的行为特征、心理特征等，以了解这一群体的特质只有这样才能有效地对网民进行引导，从而实现对网络舆情的引导。

案例讨论："上海女孩逃离江西农村"事件

一、事件回顾

2016年春节前夕,网名为"想说又说不出口"的网友在上海篱笆网发帖,称自己是上海女孩,春节前去男朋友家乡江西过年,被第一顿饭"吓一跳"以致逃离江西(见图2-2)。该帖在春节期间成为网上网下的热点,舆论对上海女、"凤凰男"进行攻击,同时,地域歧视问题不断加剧,激化社会阶层的矛盾,网络上的负面情绪不断发酵。在这次假帖子传播的"滚雪球"过程里,除了背后推手的恶意炒作和网民偏激的言行举止,传统媒体也强有力地助推了假资讯的大肆传播。传统媒体数十年积攒下的公信力,反而被动地给假帖子打了"信誉保票"。

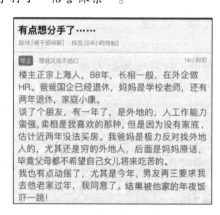

图2-2　上海女发帖原文

二、舆情趋势

2月6日,该女子在论坛发布数篇帖子后,因正值春节,此类话题迅速引起论坛网友的评论。在第二天的上午10点,微博营销号"KDS宽带社"将此事爆料至新浪微博后,有网友留言称有类似经历,农村等话题引发网友热议,微博评论量高达18万条。

在话题发酵后,一些新闻机构和网友们对事件也曾提出质疑。2月10日,疑似事件男主"风的世界伊不懂"在微博发帖回应(见图2-3),网友发现该账号是在回应当日新注册的,且回应文章公关范儿十足。记者发现"想说又说不出口"是通过苹果手机发布的贴文，但是照片的像素很低，怀疑是经过处理的，并非现场拍摄的。

无意中，一篇贴文突然将我卷上风口浪尖！本想保持沉默，让这件难堪之事快点过去，然树欲静而风不止，#见到第一顿饭后想分手#话题热度持续不减。为了将对她也对我的伤害降到最低，有必要做些说明。①她虽然知道我家情况，但百闻不如一见，尽管有些心理准备，最后还是吓到她了，是我太急，感情还不稳定就将她带回家，是我委屈她了！②如果到过江西农村的，就知道我们这边农村大都是这个样，桌子是旧不是脏，饭菜是难看不是味道不好，有人批评我未能将桌碗等更新，这个我接受，但我不接受是我父母故意忽略她才这个样子，是我太相信爱情的力量！③她不是直接觉得饭菜难看味难闻而闹着要走，而是说她父母在家伤心欲绝。网上流传的截图不完整，这让她饱受指责，我于心不忍。虽然我们彼此心知肚明，强扭的瓜不甜，我还是平静地找车送她回去！

④关于我父母，很多网友担心他们受不了这个刺激，真的谢谢大家的关心，我父母身体很好，只是对我多了一丝愧疚，这是我带给他们的伤害，我会努力工作，找一个更好的女友去抚平他们的愧悔之情；⑤对于今后，我不想再踏入那片伤心之地，不是恨她，而是尴尬！哪里跌倒从哪里爬起来，既然江西这么穷，不表明她还是一块待开发的处女地吗？有巨大潜力，有青山绿水，有蓝天白云，我为什么不留下来创业呢？⑥希望网民不要再指责她了，她已经承受了巨大的压力。那些批评我的，我照单全收，供以后慢慢反省。有许多网民提到门当户对，这个我也不否认，毕竟社会现实如此，你我都无力改变，既然改变不了环境，就改变自己吧！只是假如有一天我变成马云时，还能找到真正的爱情吗？这是我的悲哀，也是时代的悲哀！⑦最后祝天下有情人终成眷属！

图 2-3 "江西男友"的微博回应

图 2-4 中，所谓的"上海女孩"在与网友互动时，作为一个上海外企的 HR 却不会买票，此事引发质疑，此外女孩的篱笆网账号也是在发帖前 16 分钟新注册的。界面新闻和部分网友在微博上对事件细节提出质疑，但是舆论的声浪掩盖了真相。

与此同时，城乡差别、个人教养、两性关系等话题引发全网关注，新闻媒体、两微（微信、微博）社交媒体大量转发评论"上海女逃离江西农村"事件。如图 2-5 所示，《人民日报》刊发的评论文章《农村，说声爱你太沉重》成为此次事件中的最热评论，被多家自媒体复制转发。

2 月 21 日中国江西网报道称，网络部门证实"上海女孩逃离江西农村"事件从头至尾均为虚假内容，自称"上海女孩"的发帖者不是上海人，而是某省一位已为人妇的女子，其春节前夕与丈夫吵架，不愿去丈夫老家过年而独自留守家中，于是发帖宣泄情绪。春节前该女子未曾来过江西，所谓的"江西男友"只是话题的碰瓷者，与发帖者素不相识。随后头条新闻、凤凰网、人民网、新华网、澎湃新闻等媒体开始转发辟谣，事件突然发生反转，网民转向抨击新闻媒体不经审核发布虚假内容的行为（见图2-6），各家媒体开始反思网络谣言的问题。

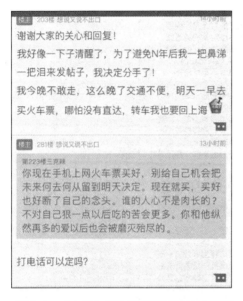

图2-4　"上海女孩"与网友互动帖子截图　图2-5　《人民日报》评论"上海女逃离"事件

图2-6　机构与媒体官博对网络谣言的评论截图

三、事件总结

网络谣言的散播往往都是在舆情逐渐扩大的过程中，网络传播者们一层层地为其可信性"打保票"，先由个人通过微博、微信等社交平台散布网络谣言，随后众多普通网友、大V、媒体盲目转发，最后"三人成虎"，在互联网乃至现实世界"攻城略地"。

此次事件的责任人虽不必承担法律责任，但从我国现行法律角度来看，虚假信息的制造者和传播者若造成社会秩序的不良影响且情节严重应承担相应的法律责任。《中华人民共和国治安管理处罚法》第二十五条规定，散布谣言，谎报险情、疫情、警情或者以其他方法故意扰乱公共秩序的，处五日以上十日以下拘留，可以并处五百元以下罚款；情节较轻的，处五日以下拘留或者五百元以下罚款。此外，传播网络谣言也已被纳入刑法，最高可判刑七年。同样对于具有权威性的新闻机构来说，不加审核发表虚假信息将会受到法律的制裁和行业的批判。网络从来不是法外之地，发布虚假信息，对于虚假信息不加甄别而渲染社会情绪，损害的是社会的公信力，突破的是法律和道德的底线。

【习题与思考题】

1. 网民在这次舆情事件的发展过程中发表的代表性言论有哪些？这些言论体现出了现阶段网民的哪些心理特点？

2. 制造虚假信息的主要动因是什么？

【实践任务】

在此次舆情事件爆发的过程中，有一起同类型的网络舆情事件，指涉地点在中国东北某农村。找到相关网络舆情信息，分析两次事件在传播过程中有何异同。

【背景资料】

新闻记者证

新闻记者证是我国新闻机构的新闻采编人员从事新闻采访活动使用的有效工作身份证件，由新闻出版总署统一印制并核发，由新闻出版总署统一编号，并加盖新闻出版总署印章、新闻记者证核发专用章、新闻记者证年度审核专用章和本新闻机构钢印方为有效。其他任何单位或者个人不得制作、仿制新闻记者证，不得制作、发放专供采访使用的其他正式证件。

第三章

网络舆情的功能与构成要素

▎学习目标▎

　　了解网络舆情的功能，深入理解网络舆情的作用。掌握网络舆情的主要构成要素，在分析与研判网络舆情的过程中，能够自觉分析其构成要素，能够拆解并掌握各部分要素，进而能够把握整个舆情事件的走向。

　　在现代社会中，网络舆情的功能已经得到凸显，网络舆情不仅影响政府、企业、明星等，而且这种影响已经扩展到社会公众每一个个体身上。在分析舆情事件的过程中，需要对其中的构成要素进行拆解、还原，以了解事件的本来面目。

第一节　网络舆情的功能

　　德国社会学家乌尔里希·贝克有一个"风险社会"理论，他认为社会风险是一种"人化风险"，社会中的风险是由人为原因和社会原因造成的。网络环境错综复杂，我们可以利用网络传播带来流量，自然也会遭遇网络环境带来的风险。

　　网络舆情对当代社会的影响越来越大，舆情不仅能够激起网络舆论场的讨论，也能够将影响力逐渐拓展到线下，引发线下的一些变化。

　　为了考察网络舆情的功能，首先看一个舆情案例——"上海迪士尼翻包检查"事件。

2019 年，由于限制游客自带食物以及要求对游客实施人工翻包检查，上海迪士尼乐园被推上了舆论的风口浪尖，当舆情发酵之后，又有部分游客反映安检慢、过程烦琐、态度不友好等问题。一时间，上海迪士尼乐园成为舆论场中的焦点。

随后，上海迪士尼乐园又被华东政法大学一名大学生告上法庭。当这位同学提起公益诉讼后，经过法院的审理，双方达成谅解，最后迪士尼乐园修改了它的游园限制性规则。

12 月 2 日，上海迪士尼乐园的两个安检通道开始测试使用 X 光机辅助人工服务的方式进行游客入园前的安检。X 光机安检通道对零食、饮料等不做特别要求，但手机、充电宝等金属制品则需事先从包中取出。

从这个舆情案例中可以总结出舆情具有以下几个主要功能。

一、反馈社会信息，形成现实社会影响力

从这个案例中可以看到舆情的作用，首先在于能够反馈社会信息。我国网民数量庞大，分布范围广，每天所产生的网络信息更是极为庞杂。如果每个网民每天发送一条消息，那么每天网络中出现的信息量就会高达几亿条，特别是，这些信息中还包含着数量庞大的无意义信息，想从中提取出有价值、有意义的信息就如同大海捞针一样。当网民在短时间内通过不同渠道对同一事件发表评论时，意见得到汇聚形成舆情，就可以在短时间内引起整个网络空间的关注，进而形成现实的社会影响力。例如，"上海迪士尼翻包检查"这个舆情案例中，所指涉的并不单单是迪士尼的"不平等条款"，更有在消费社会中，每一个消费者都可能遇到的困境，即消费者在商家面前处于弱势，被迫接受不平等条款，这就触及了大多数人的利益，人数众多的网友的情绪表达迅速在网络中形成舆情，上升为深层次的公共议题。至此，这样一个社会问题进入舆论场中。其间，每一个网民都可以成为一个信息的发布点，通过网络表达自己的意见。公众的诉求得到充分表达充分体现出，网络舆情具有反映民众诉求的正向的、积极的功能。这种反馈功能，也是舆情的核心功能之一——通过对舆情的研判和引导，提升社会治理水平。这次舆情对迪士尼公司的影响非常大，在 12 月份，他们改变了安检的方式，不再进行翻包检查，舆情的作用也就从线上延伸到了线下。

二、形成舆论监督，拓宽建言献策渠道

网络空间具有极大的开放性和自由度，同时，还具有匿名性的特点，普通网民可以通过这种公开的发声，形成对不同利益主体的舆论监督。不论是针对政府，还是针对企业、个人，网民都可以通过各种网络渠道反馈、揭露、检举一些不良行为。当舆

论监督氛围形成之后，不同的利益主体可以充分利用这种短时间内激增的关注度，提出解决问题的方案，使舆论监督的作用最大化发挥。典型的例子有：华东政法大学的一名大学生借助舆情热点，通过公益诉讼的方式提出相应的整改方法，推动迪士尼公司去解决现实中存在的问题。

比如，著名的罗昌平微博举报案。2012年12月6日，罗昌平微博实名举报时任国家发展和改革委员会副主任、国家能源局局长刘铁男涉嫌伪造学历、与商人结成官商同盟等问题。随后，网民纷纷关注这一事件，形成网络舆情。不久，中央纪委与罗昌平取得联系，介入调查。他本人也在微博中声明："中央有关部门已就本人实名举报一事立案调查，是立案调查而不止于受理。近两个月来，本人已尽举报人义务配合完成相应程序，在官方定论并公告之前不表态、不回应。感谢各界亲友，来年当以更好的调查报道回报。"2013年5月12日，中央纪委宣布，刘铁男涉嫌严重违纪，正接受调查。2013年5月14日，据中央组织部有关负责人证实，国家发展和改革委员会副主任、党组成员刘铁男涉嫌严重违纪，中央已经决定免去其领导职务。这次举报事件从微博发轫，引发舆情，线下调查随即展开，整个过程突出体现了网络舆情的舆论监督作用。

三、 出现信息宣传的不良导向，扰乱社会公共秩序

网络舆情在发展的过程中会严重影响整个事件的走向。有一些尚未发育完全的社会群体性事件，一旦引爆舆论场，就会通过网络不断扩大影响，对线下的群体产生不良导向，激化矛盾，使事件影响不断扩大。这种变化会直接损害政府形象，并破坏社会的安定。很多时候，原本孤立的线下事件，只要在线下妥善处理就能够得到解决，但是，网络舆情的出现会激化线下矛盾，这就需要我们在引导网络舆情的过程中坚持顾全大局，宣传正面的积极文化，把握住舆论导向，打造良好的社会氛围。

四、 对司法工作形成舆论压力

对近些年舆情事件进行分析，发现有一些涉及司法案例的舆情事件出现了一种趋势，就是先炒作，让整个案件的信息不断发酵，形成舆情，引发网民关注，在获得关注之后，对司法形成舆论压力，进而形成有利于舆情事件人物的判决结果。比较典型的如"于欢案"，案件本身发生在2016年4月。但是，2017年3月23日，《南方周末》上刊载了一篇报道，随后在互联网上激起很大的反响，引发网络舆情。2017年2月17日一审中，聊城市中级人民法院以故意伤害罪判处于欢无期徒刑。但是，形成网络舆情之后，山东当地的司法系统在全国网友的关注下审理这一案件，并于2017年5月27日的二审中，判决结果出现了较大的变化。山东省高级人民法院认定于欢属防卫过当，

构成故意伤害罪，判处于欢有期徒刑 5 年。

网络舆情对司法工作形成了较大的影响，二审判决出现了如此重大的变化，可以充分体现出网络舆情对司法工作形成的压力，这种压力也会推动我国法治的进步。同时，这也要求每个网民都要有独立于意见环境外的、理性的意见，而不是"跟风""随大流"，出现影响社会秩序的举动。让每一个争议案件都回归法律本身，根据法律对其进行公正的判决，这是每一位公民应该有的责任。

五、侵犯公民的合法权利

互联网时代，网络舆情中的社会意见体现的是一种民心的波动状态。一个事件从发生到传播再到后期发展，是一个不断推进的过程。在这个过程中，网络上会出现多种意见，或者说是多个舆论中心。"意见领袖"主导网络舆论，再加上和利益相关方的互动，就会产生一些负面的舆论。而该事件的主体或相关者就会成为一个靶子，接受外界多方的攻击，这会使公民的合法权利受到严重的侵犯。

在一些舆情事件中，一些新媒体平台通过制造矛盾冲突点来引发舆论。这种缺乏理性的网络舆论易于触发网民的情绪，在事件证据还没有完全呈现时，激动的网民就会先行做出网暴行为。从"江歌案"这一网络舆情事件中能够看到，由于当时很多证据指向刘鑫"见死不救"，网民纷纷开始谴责刘鑫并搜索出她的各种隐私信息，让她为江歌的死付出代价。在这场持续很久的网络暴力中，网民受到愤怒情绪的干扰，在整个事件还没有调查清楚之前，先于法律对刘鑫进行了审判，而忽视了对整个案子的凶手陈世峰的关注。事件当事人刘鑫的家人、电话、住址等一系列个人隐私信息在网友的挖掘下被曝光于舆论场中，网络中也出现了攻击、谩骂、诅咒等情况，这种道德审判对其造成了较大的影响，甚至侵犯了个人的隐私权和名誉权。

网络舆情具有交互性，一个舆情事件在网络上发酵，其走向是未知的，正面新闻有可能转化成负面新闻，负面新闻也有可能会出现正面影响。网络舆情风险包含一些负面新闻产生的消极影响，或者是一些潜在的影响。

同时，网络舆情具有敏感性，这会造成网络舆论风险多发。每天都有海量的网友在网络上分享自己的生活经验或者发表自己的看法，微博、抖音等平台给了我们互相交流的机会，同时我们会发现，"键盘侠"无处不在。每一个拥有热度的帖子下面总会有不一样的声音，也因为网络不是面对面交流，一些语句或者表情使用不当就会引起误会。网民数量庞大，一些小小的争议经过不断演化也会发酵成舆情事件。

网民现在身处网络时代，信息交流频繁，网络上有正面的事例，也有负面的新闻。因为负面新闻容易引起争议，使得其更能吸引公众的关注，造成的消极影响也就更为

广泛。网络上的消息有真有假，网络谣言有很多。一些用户平均年龄较大的平台上总有一些带有封建迷信、内容虚构、夸大事实的文章，用户阅读后会感到恐慌。

第二节　网络舆情的构成要素

要素是指构成客观事物的存在并维持其运行的必要的最小单位，它是构成事物本身必不可少的因素。要素是网络舆情系统的基本单位，是其发展、变化的重要动因。从网络舆情的概念和功能等多个层面来看，网络舆情能够在现有的舆论场中生产、传播，与其自身的构成要素密不可分。目前，有学者从各个角度对网络舆情的构成要素进行了细分，有四要素、五要素、六要素等多种观点，本书根据网络舆情的存在状态和形式，将网络舆情的构成要素分为以下五个部分。

一、网络舆情的主体

网络舆情的主体是指在网络空间中表达认知、情绪、态度、意见等的信息或情感的主体。根据主体性质的差异，可以将网络舆情的主体分为以下几类。

（一）自媒体

在目前的媒介环境中，自媒体具有比较大的影响力和传播力。随着社交媒体的不断发展，普通公众参与社交媒体信息发布的门槛不断降低，只要具备基本的媒介素养，每个人都可以使用移动终端注册账号，成为"自媒体"。这些网民所组成的"自媒体"与舆情事件并不具有直接相关性，但是，却具有"围观"与"表达"的参与冲动。网民数量极为庞大，其每次在社交媒体中的媒介使用行为会逐渐汇聚，形成较大的舆论当量，对网络舆情事件的发展与走向产生重大影响。从舆情分析的视角来看，当发生网络舆情事件时，自媒体的表现与舆论倾向基本等同于网民群体的舆论倾向。

（二）意见领袖

在传播学理论中，意见领袖是一个非常重要的概念。在传统媒体时代，意见领袖的作用就非常明显。在两级传播模式中，意见领袖同样会对公众产生非常大的影响。发展到新媒体时代，意见领袖的作用就更为明显。

作为一个集合名词，自媒体群体具有一定的舆情影响力，但是在这个群体内部，并不是每个个体都拥有同样的话语权。其中，一部分个体的话语权具有压倒性的优势，他们不仅在某个舆论意见群体中具有足够的影响力，而且会对整个网络舆情事件的发展产生深远的影响。

1. 意见领袖的迭代

国内舆论场中的意见领袖经过了多次迭代。2018年出现了一个爆炸性事件：著名主持人崔永元炮轰娱乐圈，这个事件标志着意见领袖这个群体出现了新的变化。

从微博的发展历史来看，微博诞生之初的市场战略就是明星战略，娱乐明星、体育明星、商业明星等都在微博初期收获了大量的粉丝和流量。微博更由于其本身的媒体平台属性，形成了社会公共舆论的聚合效应，大事必然都从微博中发酵、扩散。有一拨人就是因为在社会公共事件中发声而声名鹊起，逐步转型成时政明星，成为我们熟悉的意见领袖，如李开复、姚晨、李承鹏、潘石屹等，还有一些记者和律师等，他们对社会时政往往持批评立场，也就是在中国语境中所说的"公共知识分子"，后来被简称为"公知"。在这个阶段，崔永元虽然也有一定的话语权，但是，他主要通过单一议题——转基因而在舆论场中树立起了自己"反转斗士"的形象，属于单一议题型意见领袖，很少像上述其他公知型意见领袖那样频繁介入社会公共事件舆情里，也就没有像上述其他公知那样成为"稳定型"的意见领袖。

但是，目前微博这一主要的公共舆论空间也发生了很多变化。

第一，平台方遭遇瓶颈：流量增长乏力，日活跃用户数量降低，竞争对手日益强大。为摆脱困境，微博做出了诸多改变，如继续下沉到三四线城市，努力争取年轻用户，加大垂直领域的内容深耕力度。这些措施终于使微博迎来了自己的二次崛起。

第二，监管方对微博的监管更加严格，对于微博中的言论制定了多项法规条文进行约束。同时，对微博站方也进行了多次的约谈，要求站方切实负起监管的责任。

第三，近几年的网络舆论环境有了非常大的改变。网友们对于揭短式的微博话题产生了较大的反感，"正能量"的声音在官方助推和网友认同下占据了微博舆论场的中心。

从这些变化中可以看到，"公知型"意见领袖的舆论土壤已经不存在了，"公知"也逐步被淘汰出舆论场。这类意见领袖有一些被销号，有一些被禁言，还有一些账号虽然没有被销掉，但是话语策略已经出现了明显的变化。这些"稳定型"意见领袖在微博中不再具有登高一呼应者云集的地位。至此，第一代意见领袖淡出舆论场的中心。

虽然换了人，但是，微博这个平台却是需要意见领袖的，只是，第二代意见领袖开始有了变化，具体来看，就是从"稳定型"意见领袖变为了"瞬时型"意见领袖。像崔永元炮轰娱乐圈事件，就属于典型的例子。

2. "瞬时型"意见领袖的特质

"瞬时型"意见领袖有一些典型特质，具体体现在以下方面。

（1）从偶发事件发端。崔永元炮轰娱乐圈就属于一次偶发型事件。他在微博中的爆料属于个人行为。当年因为《手机》这部电影，他与核心主创人员形成过节。这导致他在《手机2》投拍之后爆发。初始阶段，他就有意无意地将矛头指向了范冰冰，在舆论形成后，又明确说合同不是范冰冰的，调转了枪口。这种偶然性对意见领袖本身的公信力等也会造成一定程度的解构。

（2）受众会自动曲解意见领袖原意。按照崔永元个人表述的意思，他的这次爆料就是一次为自己报仇的行为。可是事情一旦爆发，公众的反馈就不再是他个人的想法所能左右的。当时，一部分人惊叹于明星赚钱之易，再下意识对比自身的生存困境；另一部分人震惊于明星赚钱之后，居然靠着大小合同偷税漏税，而自己每天辛苦工作后得到的不算丰厚的工资却要按章纳税，两相对比也很难心理平衡。这两种思路都是粉丝在有意曲解意见领袖的原意。公众这种非理性的反馈在近些年也经常出现。

（3）多元化声音消解意见领袖的意见集中度。当前的网络舆论越发多元化，各种声音的交锋也比较激烈。从崔永元爆料开始，围绕他的争议就不断，这里面既有就此次事件的讨论，也有揪着崔永元曾经的言论不放的声音。有支持他的，甚至神化他的；也有反对他的，妖魔化他的。这些声音极大地冲淡了意见领袖的意见集中度。

这些要素都会解构意见领袖的稳定性，使其只能在当次事件中形成影响力，却无法保证其影响力的持续性。当调查结果公布之后，就初步形成舆论闭环，而崔永元会逐步让出舆论场中的位置，等待下一个"瞬时型"意见领袖的出现。

（三）管控主体

网络舆情的管控主体由代表政府、监管机构的相关部门、企业所组成。管控主体对网络舆情的发展负有引导责任，以及依法化解公共危机、减小负面影响的责任，对舆论的真实性具有引导作用。

管控主体大致可以分为以下两类。

1. 政府机构

对网络舆情负有直接领导责任的为各级网信办。如果是涉嫌违法犯罪的网络舆情事件，则需要网警依法行使管控职责。

2. 平台方

平台方是指通过信息网络向公众提供信息或者为获取网络信息等目的提供服务的机构，如微博、腾讯、百度、今日头条等站方。对于网络舆情的走向，平台方应该承担一定的责任，因为信息在该平台上进行传播时，平台方就具有对这些信息进行审核、引导等责任。

（四）利益相关者

每件舆情事件都有利益相关者，这些利益相关者对舆情的走向起着非常关键的作用。事件本身往往由这些利益相关者在网络中引爆，其中也掺杂着不同的利益诉求，这会使整个舆情事件变得非常复杂，而且由于其中存在利益冲突，利益相关者的表现也会出现较大的对抗性。

二、网络舆情的客体

对于网络舆情客体由何种要素构成这一问题，学术界主要有两种观点：一种是李弼程等认为网络舆情的客体是作为公权力运行主体的国家管理者，又可以说是公共事务的掌控者和事件的直接关联者；另一种说法则以人民网舆情监测室为代表，认为网络舆情的客体是事件、现象和问题等社会事务。网络舆情的客体究竟是"国家管理者"还是"社会事务"仍然存在争议，这个问题的分歧使得对于网络舆情的具体发展和影响的分析具有不确定性。

综合这两种看法，本书认为网络舆情客体指的是引发网络舆情的刺激物和网络舆情的指向物，其可以直接导致网络舆情的发生和传播，并能够在短时间内占据舆论场的中心位置，提高网络舆论的热度。网络舆情客体能够对现实产生影响且持续时间较长。网络舆情客体主要包括以下两类。

（一）新闻事件

新闻事件指的是国内外新近发生的具有一定社会价值的事件，具有较强的时效性。新闻事件的出现容易形成网络舆情，反过来，网络舆情对新闻事件的传播也具有较强的影响力。

需要特别关注的是，一旦形成了网络舆情，新闻通稿的内容以及发布时间、发布媒体都要经过精心的选择。网络舆情所形成的舆论场一般在微博、论坛等网络媒体中，因此需要根据这些媒体的特点，如传播速度快、受众互动性强等，展开有针对性的设计和回复。

（二）公共话题

公共话题指的是公众在互联网空间领域讨论的话题。公共话题可能由新闻事件诱发，也可能由一些长期存在的问题突然引爆。近几年，舆论场中比较关注教育、医疗等民生话题，这些都是公共话题的代表。一旦有最新的相关事件出现，或是由某些具有话语权的机构、个人突然挑起这类话题，都可能诱发公共讨论，形成公共话题。公共话题事关公共利益，公众具有非常强的表达冲动和参与意识，公众在这类网络舆情事件中进行密集讨论，形成观点碰撞，有利于社会减少分歧，形成共识。

三、网络舆情的本体

网络舆情的本体指网络舆情信息，是网络舆情主体针对某些议题、现象或事件，在网络空间表达的认知、情绪、态度和意见等具体内容。

如果说网络舆情的客体是客观存在的，那么，网络舆情的本体就是相对主观的，是网民针对网络舆情事件发表的各种看法，以及相关信息的集合。

四、网络舆情的媒体

传播媒体又称传播的渠道或信道，是信息从传播者到接收者之间各种传播形式的总称。网络舆情的媒体主要包括以下几类。

（一）社交媒体

社交媒体可通过各种补贴的方式，为优质账号所有者带来实际收益，如在微博、微信公众号、今日头条，以及快手、抖音等各类短视频平台上，只要账号能够为平台生产优质内容，带来一定的流量，就可以逐渐拓展影响力，成为大 V，从而掌握一定的话语权。社交媒体所具备的这种"流量思维"与网络舆情具有天然的契合度，在网络舆情的传播过程中将会是最重要的媒体载具之一。

（二）网络媒体

网络上先后出现了各类资讯分发平台，如传统媒体平台、资讯整合平台、搜索引擎、社会化媒体、个性化推荐平台、视频和 VR/AR 平台、专业化服务平台以及混合型平台。在新技术应用的推动下，这些资讯分发平台的出现拓展了舆论场的空间。网络媒体分为以下两类。

1. 政府、企事业单位等官方开办的网络媒体

在舆情事件爆发的过程中，官方享有一定程度的信息垄断权，这就需要官方对信息进行实时更新，保证公众的信息知情权。官方网络媒体就是重要的信息发布渠道。

2. 商业网站

商业网站一种是新浪、网易、搜狐等门户网站；一种是汽车之家、钛媒体等垂直网站。这类网站具有比较大的赢利压力，同时也需要介入热点事件来追求流量。因此，在网络舆情事件的传播过程中，这些网站往往也是主要的推动者。

（三）传统媒体

在当前的舆论场中，传统媒体虽然整体的传播力和影响力逐渐式微，但它对新闻

的整理概括、真相挖掘也具有不容忽视的作用。品牌公信力是受众无法忽视的内容，这使得传统媒体依然具有不可替代的作用。从舆情事件的源头来看，传统媒体很少作为舆情的初始信源，但是，在舆情发展过程中，传统媒体在获取信息之后的跟进报道往往会助推舆情的扩散。在我国的媒介环境中，传统媒体的名字是与行政区划相对应的，如中央电视台、辽宁电视台、沈阳电视台、辽宁日报、沈阳日报等，这就形成了对信息的"强背书"功能，这种功能对舆情事件的解释与引导起着至关重要的作用。

（四）短视频

短视频是最近几年兴起的媒介载具。随着智能手机的普及，短视频的拍摄更加简便，传播速度也更快。每一个网民随时随地都可以拿起手机拍摄身边的突发事件。这更增强了网络舆情事件突发的可能性，在短时间内，即便最初的信源已经删除了视频，也无法杜绝视频的传播，这为网络舆情的应对增加了更多的变数。

（五）资讯分发平台

主打个性化推荐的资讯分发平台的崛起实现了信息和人的精准匹配，革新了人的信息行为模式，实现了基于内容的用户聚合，代表产品就是今日头条。在头条系占据了较大市场份额之后，其他互联网公司也开始进入这个赛道，如企鹅号、百家号、大鱼号等。这类资讯分发平台依靠"算法"将信息推送给用户。在这个信息传播过程中，平台的主动性更强，其可以根据用户平时的信息消费习惯，主动把同类型信息推送给用户，使得用户接收到的信息越来越同质化，这非常适合信息的集聚。集聚在一起的信息有助于触动受众情绪，为网络舆情的爆发提供温床。

（六）网络社群

在网络舆情传播过程中，网络社群的影响力也非常大，微信、QQ、人人网、开心网等社交网站虽然在更新换代中受到严重冲击，但从目前来看，还是拥有数量可观的网民用户。网络社群建立在亲朋好友的关系网上，构成了一种有关联性的信息传播空间，因此，用户可以在创建的个人主页、朋友圈或者 QQ 空间中进行话题的传播、评论和共享。其优点就是可信度高、自由度高，而且具有隐私性，一些敏感话题或者被封锁的消息都可以在这个空间得到传播。同时，正是因为这些性质，一些网络社群不利于政府的监管。网络社群目前已经成为不能忽视的公共信息传播平台，成为网络舆情的一大重要载体。

（七）其他

随着现代信息技术的发展，各类媒体层出不穷，比如，智能电子产品、电视及可

穿戴设备。它们都具有大数据时代信息碎片化的特征，是多媒体技术发展中重要的组成部分。未来，随着 5G 的大规模商用，各类新媒体还会继续涌现。

根据上述内容来看，网络舆情的传播载体多种多样，这就需要相关部门对各类媒体载具进行细分管理，在网络舆情的演进中加强跟进、预警、研判，面对多变的网络舆情环境及时做出反应，切实落实对媒体的要求，正确引导网络舆情的价值观，打造良好的网络舆论场。

五、网络舆情的空间

网络舆情的产生、发展及演变离不开环境的支持，这个供网络舆情进行发酵及演化的场所，就是网络舆情的空间。网络舆情也正是在这些空间要素的制约和交互刺激下不断变化的。网络舆情空间的主要特质包括以下几点。

（一）舆论情境

舆论情境包括倡导网络言论自由的社会秩序、网络言论自由度、互联网相关法律法规的支撑、社会认知与文化传统等影响传播行为的因素等。

（二）技术环境

现代信息技术的进步为舆论场提供了越来越多的媒体载具，也降低了受众使用媒介的技术门槛，同时还提高了网络舆情的传播速度。存储技术为网络舆情传播提供了现实基础，保证了舆情信息的异构特征。

（三）网络噪声

网络噪声表现为低价值密度的碎片化信息、冗余信息、不良信息甚至错误信息等影响网络舆情传播的不利因素。

每一件网络舆情事件都有其独特的构成要素，需要具体分析。只有掌握了这些构成要素，才能够精确地掌握网络舆情发展脉络，并对其进行准确的研判。

案例讨论：于欢案

一、事件回顾

2016 年 4 月 4 日，山东男子于欢在母亲苏银霞被催债者侮辱后用水果刀刺伤四人，一人致死、两人重伤、一人轻伤。

2017年2月17日，山东省聊城市中级人民法院一审以故意伤害罪判决于欢无期徒刑。

2017年3月23日，《南方周末》记者发表《刺死辱母者》文章，由于此篇报道对于案件事实的争议性报道以及语句的使用问题，激发人们对于欢案件中辱母行为的强烈批判，引起舆论的不断发酵。

2017年5月20日，于欢案二审庭前会议召开。

2017年5月27日，于欢案二审公开开庭审理。

2017年6月23日，山东省高级人民法院二审判决于欢防卫过当，有期徒刑5年。

2017年8月8日，苏银霞委托律师提交诉状起诉催债人吴学占等人涉黑。

2017年11月27日，吴学占团伙涉黑案庭前会议召开，对其中一员增加强奸罪指控。

2018年4月12日，吴学占团伙涉黑案开庭，吴学占等15人被公诉机关指控。

2018年4月15日，苏银霞夫妇及女儿涉嫌非法吸收公共存款2000万元，被判处有期徒刑3年，处罚人民币8万元。

2018年5月11日，二审公开宣判维持对吴学占组织、领导、参加黑社会性质组织犯罪一案25年的判决。

二、舆情趋势

2017年3月23日，《南方周末》的报道将"于欢案"公之于众，引起各方巨大关注，短时间内便有大量媒体进行相关报道，对整个案情进行披露。3月26日，山东省高级人民法院对于欢案做出情况通报，一审判处于欢无期徒刑。这引发了网友的强烈不满，如图3-1所示。网友"紫光阁"转发以表明法治的重要性以及舆论干扰司法的不良后果。3月29日，人民网转发"山东高院通报于欢案二审"的报道，并对相关案发细节进行披露，随后，齐鲁网、北京青年报、新京报、头条新闻等媒体均对案件细节展开报道，并实时通报案件进展。

此外，北京青年报、齐鲁网均在报道里指出干警朱秀明等人在多名讨债人员阻止于欢、苏银霞离开接待室的情况下未采取有效措施等出警问题，网民多对该案中警察的不作为感到不满，甚至有人将其上升到全国层面，对整个警察行业持消极看法。5月26日，山东省人民检察院发布于欢案民警的权威调查结果，即不构成玩忽职守罪，不予刑事立案，各家媒体也纷纷跟进报道，可以看出各级媒体透过于欢案开始思考我国的法治问题，如图3-2所示。

图 3-1　山东省高级人民法院官方通报于欢案情况

图 3-2　机构与媒体官博对于欢案进行报道

在一审后，新闻媒体、社会公众开始探讨于欢是正当防卫、防卫过当还是故意伤害，网友对于欢母子进行声援，认为于欢的行为属于正当防卫，一审量刑过重，山东省人民检察院则给出将依法对该行为予以审查认定的回答，如图 3-3 所示。

2017 年 5 月 27 日，于欢案二审公开开庭审理，山东省高级人民法院实时播报庭审现场状况（见图 3-4），澎湃新闻、齐鲁网、新京报等媒体对山东高法直播庭审，赞扬庭审公平、公正。二审公布更多案件细节并改判于欢有期徒刑 5 年。各家媒体侧重对案件细节的再现。这些细节对网络上不实的报道进行了澄清，例如，在《刺死辱母者》

一文中杜某侮辱苏银霞的动作、于欢拿刀伤人、民警出警等行为细节的描述与二审事实不符。同时，各家媒体开始出现反思舆论是否左右司法的文章，新闻倾向于二审的判决是以法律为准绳，同时融入了法理情，《法制日报》评价二审判决让法律有了温度。

图3-3　山东省人民检察院对于欢案的回应

图3-4　山东高法实时播报庭审现场状况

后续苏银霞起诉吴学占等人涉黑，媒体的报道较为清晰地发布了苏银霞起诉吴学占等人的具体内容，并对于欢案按时间顺序进行了回顾与反思，人民日报、法制日报、广州日报、临海检察等报道了从于欢案引申出来的一些话题，如"从于欢案说正当防卫""如何让普法嵌入执法全过程？须以案说法就案普法""于欢案：公开是最好的稳压器"。

此外，随着案件的一步步发展，网民对于黑社会、高利贷话题的探讨逐渐增多。网民对高利贷问题大致有三个倾向：认为国家应当管控高利贷（见图 3-5）；认为于欢母亲借高利贷被催债人员凌辱，于欢被判刑罪有应得；怒斥放贷者。新闻媒体开始关注于欢案背后的"涉黑团伙"，对其涉黑罪行进行发布。聊城发布指出将对涉黑、高利贷

图 3-5 环球网对高利贷问题的评论

问题展开全面调查，网民与新闻媒体在议题上大体保持了一致，即揪出黑社会背后的保护伞，严惩黑恶势力。此外，在此段时间的讨论中，于欢的母亲也被冠以"老赖"的称号。

三、事件总结

这起舆情案例本身就具备极大的争议性，而南方周末的记者在报道中对案情细节的描述存在较大争议，多种因素共同激发民众的不满情绪。其中，不实报道、不满的情绪变成噪声，影响舆论场的信息传播，左右公众情绪，甚至影响法学家对案情的判断。在《关于严防虚假新闻报道的若干规定》中，对于新闻记者编发虚假新闻损害国家利益、公共利益的或者发表失实报道造成恶劣社会影响等问题的，由新闻出版行政部门依据《出版管理条例》《新闻记者证管理办法》等法规规章给予警告；情节严重的，依法吊销其新闻记者证，并列入不良从业行为记录，5 年内不得从事新闻采编工作；构成犯罪的，依法追究刑事责任，终身不得从事新闻采编工作。刊播虚假新闻损害国家利益、公共利益或者发表失实报道造成恶劣社会影响的新闻机构，由省级以上新闻出版行政部门依据《出版管理条例》《新闻记者证管理办法》等法规规章给予处罚，情节严重的依法给予停业整顿或者吊销出版许可证的处罚。

从一审到二审，于欢案留给人们的较大的思考依然是舆论与法治应该有怎样的良性互动关系。舆论有力地推动了于欢案的二审改判，随着案情的进展，我们也更感受到"以事实为依据、以法律为准绳"这句话的真实分量。

【习题与思考题】

1. 在"于欢案"的舆情处置中，政法系统的自媒体在信息发布的过程中采用了哪些最新的自媒体载具？

2. 在"于欢案"的舆情发展过程中，政法系统的官方自媒体和个人自媒体在话语

表达方面有哪些差异？

【实践任务】

搜索最近发生的网络舆情事件，对其构成要素进行分析，从中找到网络舆情的主体、客体、本体、媒体和空间。

【背景资料】

中国互联网络信息中心

中国互联网络信息中心（China Internet Network Information Center，CNNIC）是经国家主管部门批准，于1997年6月3日组建的管理和服务机构。

作为中国信息社会重要的基础设施建设者、运行者和管理者，CNNIC负责国家网络基础资源的运行管理和服务，承担国家网络基础资源的技术研发和信息安全的保障任务，开展互联网发展研究并提供咨询服务，促进全球互联网开放合作和技术交流，不断追求成为"专业·责任·服务"的世界一流互联网络信息中心这一目标。

第四章

网络舆情的生成与演变机制

学习目标

　　了解网络舆情的生成与演变机制；理解机制模型；充分了解整个机制中存在的各个要素，这些要素包括：网络舆情事件内容生产机制、网络舆情的扩散机制、网络舆情的意见形成机制、网络舆情的效果机制、网络舆情的阶段性发展机制；能够结合机制模型分析具体的网络舆情事件。

　　对网络舆情进行监测与研判，需要对网络舆情的生成与演变机制有充分的了解，只有这样，才能更好地对网络舆情进行分析和研判。

第一节　网络舆情事件内容生产机制

　　在网络舆论场中，信息的生产需要网络中多个传播主体的合作来实现。在传统媒体时代，传播者是组织性的机构与人员，而在新媒体时代，这种专业传播机构只是传播者中的一员，而网民群体或相关利益方在内容生产方面也具有非常重要的作用。在这种状态下，各传播主体在内容生产方面逐步模糊了传播者和受传者的界限，呈现出内容产用融合的特点。

　　在媒介研究中，"内容为王"已经成为一种共识。在传统媒体中，内容生产以文字为主，而在社会化媒介崛起之后，"内容"的内涵与外延都发生了变化，内容生产也呈现出颠覆性的变化。

一、媒介内容"产用者"的概念

内容生产者与使用者角色的整合使二者之间的界限逐渐模糊，为了对这一整合后的角色进行阐述，本书将其命名为媒介"产用者"，具体指：媒介内容使用者不再只是被动地接收媒介内容，而是主动、积极地参与到媒介内容生产中来，从而也成为媒介内容的生产者，是媒介内容使用者和生产者角色整合之后形成的。社会化媒介内容的参与者本质上都可以被称为"产用者"。

二、社会化媒介内容产用的主体——内容"产用者"

（一）内容"产用者"与社会化媒介的深度融合

内容使用者转变为内容生产者的现象在传统传播形式中就已存在。传统传播形式中受众写给媒体的信件就是典型代表，这些内容由使用者传递出来，并经过媒体"把关"才得以成为媒介内容。而在社会化媒介中，内容生产者和使用者呈现出角色整合的特点，而且，这种使用者普遍参与的状态是日常文本生产的特点，而不只是简单地替代传统的形式，使用者使用媒介的技术门槛大大降低。作为数字技术扩散的成果，媒介权力发生了重要的转变。内容生产的便利与从网上下载信息的廉价，极大地影响了生产和发行的成本，从而扩展了能够负担得起的参与者人数，因此，大量的"产用者"加入到了各种社会化媒介中。

在这个整合过程中，内容生产者、使用者也与社会化媒介本身结合得更加紧密。例如，新浪和腾讯分别是微博与微信的社会化媒介提供方，在新媒介环境下，所有媒介使用者都可以开通微博、微信（包括公众号），所有发出微博、微信的媒介使用者也在一定程度上参与了媒介建构，为媒介内容的丰富贡献了力量。依托于媒介平台，使用者既是内容的生产者，也是内容的使用者，同时，也与社会化媒介本身融合得更加紧密。在社会化媒介中，正是这些"产用者"的大力参与才促进了内容的生产与媒介的发展。

（二）内容"产用者"的可知却不可控

从受众的角度来看，传统大众传播的特点之一就是"媒介可知而受众不可知"。而在社会化媒介中，内容"产用者"是可知的，因为一旦"产用者"从使用的角度参与到内容生产机制中来，其参与的信息就可以被记录并保存下来。在一些社会媒介中，虽然普通受众无法获得其他受众信息，但是，媒介方是可以获得所有"产用者"的相关信息的，其媒介使用行为、特点等都可以成为媒介方"大数据"的一部分。当媒介方或是第三方打算向这些"产用者"传递信息时，信息传递效果将大大增强。而从社会化媒介本身的特性来看，如果内容"产用者"的身份信息不清，那么其可信度受到很大影响。

但是，内容"产用者""可知"却并不完全可控。这一方面是因为对于社会化媒介"产用者"来说，他们对媒介本身并没有什么特别的依赖度，从他们的角度来看，媒介只是被选择用来与他人建立联系的一个载体或平台。正是因为这一点，各种社会化媒介层出不穷，如大浪淘沙一般，不断掀起更新换代的浪潮，造成社会化媒介很难保持内容"产用者"的产用"黏性"。另一方面，在社会化媒介中，"产用者"的"去中心化"更为明显。在这类媒介中，虽然确定更小规模的目标受众群可能更容易一些，但是，要想获得任何大规模的一般受众，是非常艰难且不可预知的。受众的分散与分化也说明社会化媒介本身的控制力被削弱了。

三、社会化媒介内容产用过程

社会化媒介内容的产用过程就是为了使社会化媒介更加完善，所有内容"产用者"针对现有内容进行持续式、协作式、开放式的建构过程。在这一开放的内容产用过程中，社会化媒介面向所有的内容"产用者"，完全呈现出开放式的参与形态。百度百科就是典型例证。百度百科的词条都由网友撰写，内容"产用者"自发、开放、协作地参与到产用过程中，不断地完善词条。从这个意义上来看，这一产用过程是不断发展的、开放式的，每一名网友的参与和协作共同推动了媒介内容的发展与完善。

（一）非线性内容产用

传统大众媒介中所依赖的"议程"设置，所进行的内容生产、传播、反馈这种线性或是双向互动等模式在社会化媒介的内容产用过程也受到了一定的挑战。在社会化媒介中，内容产用采取的是非线性内容产用步骤。

当内容"议题"被提出之后，内容处在发展过程中，首先呈现的是不完整、不明确的内容，之后，其会被汇集起来的"产用者"完善。而"产用者"们会形成产用社群。在内容逐渐完善的过程中，产用社群的意见会初步达成一致，使内容趋向正确、完善。这类相对完善、正确的内容在社会化媒介上接受其他"产用者"的检验。之后，如果其他"产用者"质疑内容并对其进行修改，则开始重复上述的内容产用步骤。而且，一旦内容"产用者"对内容进行修改与完善之后，内容本身就不再只属于"产用者"，而为所有新媒介使用者所共有，在新媒介中不断扩散，在新加入的"产用者"的不断修改中逐步完善。这也使内容本身无法呈现出一种彻底的"完成"状态，而只能持续地成长、变动。

（二）产用社群的集体协作

在新媒介内容产用过程中，所有内容"产用者"自愿、自发地参与其中，并围绕某一内容的建构形成一个"产用社群"。这一社群的组织结构不再由现实社会中的等级形成，而根据"产用者"对内容的兴趣、观点、知识背景等形成。虽然本质上，这种产用社群是"精英主义"的，每个个体由于知识、能力等方面的差异，对内容的贡献是有区别的，但是，每个个体对内容做出贡献的可能性却是平等的。在产用社群中，所有个体之间不是线下的科层等级关系，也并非无组织状态。每个"产用者"在社群中的地位取决于其对内容贡献的大小，根据这种贡献的差异，可以将这些"产用者"分为被动用户、外围贡献者、核心贡献者、异常用户、社群参与者，而这些"产用者"根据参与内容建设的程度大小差异，也可以转变其在社群中的角色。因此，整个产用社群是处于不断演变中的。

（三）内容产用规范

新媒介中的内容是开放式的，内容的建设与完善都需要由产用社群中的"产用者"共同来完成。所有"产用者"都会持续地、以互动的形式对内容进行评估与修改，就像开放评论的微博，或是百度百科、百度知道等，如果出现虚假信息，会受到"产用者"自发的质疑。这种自动产生的、非人工干预的评价机制成为新媒介内容产用的规范的基础性保障，也使新媒介出现了"自净化"机制。

当然，这种自净化机制是自发形成的，并不具有太多的强制性。在传统大众媒介中，必须存在的"把关"也同样会出现在新媒介中，只不过，这种"把关"变成了"集体把关"。在理论上，所有产用社群中的"产用者"都具有平等的权利来对内容进行"审查"，都应该被纳入"集体把关人"之中。但是，一般在实践中，只有产用社群中的活跃分子才会真正承担起"把关人"的角色。这些积极分子会对内容进行评估，并引导其他"产用者"来对内容进行完善。另外，与传统大众媒介不同的是，新媒介并不特别强调"把关人"的职业性，把关主要依靠对于内容的构建与分享能力。在把关的步骤方面，传统媒介是先通过"把关人"的筛选之后才能够进行大众传播，而在新媒介之中，是先进行传播，然后，才纳入把关的过程。这种"先传播后把关"的状况也对"集体把关人"提出了新的要求——需要对内容进行即时的把关与完善。

四、社会化媒介内容产用介质——文本

（一）再加工为主、创造为辅的内容产用格局

社会化媒介的内容是处于不断发展完善过程中的，内容本身无法呈现出"成品"

的状态，由产用社群共同协作来进行完善的行为本身就是以内容再加工为主。当有"议题"被关注之后，内容"产用者"就会开始围绕"议题"进行产用，产用之后的文本也就脱离了最初的控制。特别是一些本身就具备再加工可能的文本更会激起"产用者"的兴趣，促使其加入产用社群。在社会化媒介的传播事件中也可以看出，越是能够激起"产用者"参与的事件，传播效果就越佳。当然，在设置"议题"时，创造性工作也是不可或缺的，只是，这种"创造"只能起到辅助的作用，在整个产用格局中，还是要以内容再加工为主。

（二）依循简洁、娱乐化法则的多样呈现

在社会化媒介中，由于现代信息技术的引入，各种文本形态都可以出现在新媒介之中。除了传统的文字、视频、音乐、图片等，交互式互动形态也被广泛应用在新媒介的内容产用之中，甚至不对内容进行发展、建构，只是单纯地"转发"或是"围观"也代表了内容"产用者"的一种参与态度，成为文本的外在表现形态。

内容产用所依循的基本法则是文本越发简洁。"简洁"是人类自古以来就追求的表达方式，只不过之前所受到的教育和文化限制了这样的表达方式。但是，在新媒介中，"简洁"的表达方式唤起了内容产用的冲动。另外，在新媒介的文本中，娱乐化的趋向越发明显。虽然这种娱乐化早已在传统大众媒介中显露端倪，但是，在新媒介中体现得更加明显。社会化媒介中的热点传播事件即便是从严肃的基调开始，也会逐渐呈现出娱乐化的特征。

（三）专业化内容生产的衰落

在新媒介环境之中，恪守专业主义的传统大众媒介失去了独立的信息源，进而影响到了自身的公信力，再加上技术条件等方面的限制，在时效性等方面也落后于社会化媒介。在整体的媒介生态中，传统大众媒介越发边缘化，社会化媒介的地位越来越重要。但是，社会化媒介中的内容"产用者"大都没有接受过专业的内容生产方面的训练，即时可用的内容大量出现。这些内容并不完全符合专业化内容生产的标准，传统大众媒介所奉行的基本准则开始被打破，如信息呈现与意见呈现的界限较为模糊，新闻标准下降。从内容"产用者"的媒介消费目的来看，在使用社会化媒介时，普遍以社交作为核心，围绕着社会网络而展开，因此，也不会特别专注内容生产的专业化。这些原因造成了新媒介内容生产中专业化的衰落，而且，由于社会化媒介在社会中的影响越来越大，这种专业化内容的衰落也逐渐体现在了传统大众媒介之中。

总的来看，社会化媒介的内容生产是网络舆情事件传播过程中非常重要的一部分。网络舆情事件的内容产用过程为非线性的产用社群的集体协作方式，在产用规范上则

依托于自净化机制的集体把关人模式。在这种产用过程中，网络舆情事件的内容产用介质形成了再加工为主、创造为辅的内容产用格局，依循简洁、娱乐化法则的多样呈现中也体现出了专业化内容生产的衰落。

第二节　网络舆情的扩散机制

网络舆情的中心事件产生之后，需要经过扩散的过程，才会使网络舆情的客体不断显性化、清晰化。网民对舆情事件的印象逐步累加，加深对事件的印象与理解，进而形成认知，做出判断。在网络与新媒体环境中，一旦与网络舆情事件相关的内容生产出来，就不会只有一种声音，而会在全网形成"全景式"的扩散。这些扩散的方式主要包括以下几种。

一、转发

在网络与新媒体时代，特别是在社交媒体中，转发是舆情扩散的主要方式，当与舆情事件相关的内容生产完成之后，就会借助转发分享的行为逐步扩散，而且，转发的过程并不是简单地进行转贴，而是会将个人理解一起融入舆情的扩散中。

二、搜索引擎

搜索引擎在舆情扩散的过程中也起到了非常重要的作用。搜索引擎收集了互联网中的海量信息，当舆情事件内容产生之后，相关信息会被搜索引擎所抓取。搜索引擎可以聚集全部的公开信息，内容十分丰富。其实，搜索引擎就是对全部网络舆情事件的整合。搜索引擎属于用户主动获取信息的媒介。由于搜索引擎的信息入口和信息集成作用，当议题形成之后，公众可以通过搜索引擎了解到舆情事件的全貌。同时，搜索引擎还会强化网民对事件的认知，影响用户对舆情事件的理解度。在对网络舆情进行引导与处置时，就需要进行适度的搜索优化。搜索优化侧重于强化关键词的记忆和相关内容的完美呈现。

在进行网络监测的前期调查中，我们可以从调查结果中发现经常搜索的关键词、经常出现的关键语句和经常提出的问题。搜索优化就是要强化这些经常出现的关键词、关键语句和经常提出的问题，以达到强化记忆的效果。

对于网络舆情的监管，搜索优化可以为网络信息整合与监测管理提供捷径。通过

搜索优化后，搜索的关键词将更加突出。同时，管理者一旦明确了今后需要加强的建设方向，就会树立细致、明确的目标。

三、社交网络

社交网络强调人与人之间的互动，而忘了舆情的扩散，从某种程度上来看，它属于"人际传播"的范畴。回顾网络舆情事件可以发现，舆情事件往往会在熟人圈中迅速扩散。因为熟人圈子彼此容易产生信任感，互相之间的说服效果和号召效果也比较强。在一些舆情事件中，往往最初的文本并没有特别大的影响力，但是，经过众多网友的接力转发、评论、点赞等，就获得了广泛的扩散。

四、网络推手

网络推手是指专门在网络中推动舆情事件扩散的机构或个人。在当前的舆论场中，网络推手已经是可以左右舆情事件走向的重要力量。在"江歌案"中，能够明显看出事件双方背后的网络推手的作为。这个群体利用网络传播的特质，有计划、有目的、有针对性地在网络舆情事件期间扩散影响力，形成一定的舆论攻势，实现其特定的目的。网络推手是网络空间中的既存现象，与自然生产的网络舆情有较大差异，也破坏了自发状态的网络舆论场。网络推手对舆情事件的"操纵"会破坏网络平台的媒介环境，影响公民的话语权使用。但是，由于其隐蔽性较强，与普通网民并没有特别大的差异，因此，很难进行控制。

五、线下运动

网络与新媒体平台不仅为网民发表言论提供了平台，也为网民进行线下的集体行动提供了重要的沟通平台和工具。网络舆情事件，特别是与社会公共利益密切相关的事件，就容易从线上转移到线下，从网络空间转移到现实社会中。

第三节　网络舆情的意见形成机制

意见聚合是网络舆情形成过程中最为重要的一环，标志着网络舆情的最终形成。只有形成了意见聚合，才会出现网络舆情，而意见聚合的效果则决定了网络舆情的效果。意见聚合往往要经历以下几个阶段才会形成。

一、意见交互

传统媒体时代，社会意见的聚合要经过传统媒体的层层把关，普通公众很难形成意见聚合。但是，网络时代则截然不同，网络与新媒体为普通网民提供了不断获取信息和进行意见交流的平台，使得社会意见可以不断地进行意见交互、理性辩论，即便这些观点是偏向于情绪化的言论，或与主流观点相悖，也能获得平等表达的机会。意见交互要经过意见表达、理性辩论、意见修正等阶段。

二、情绪舆论

意见交互的过程中，往往会产生"情绪"。情绪是网民对网络舆情事件持有的模糊态度，属于一种集合的社会心理。互联网本身因为其"非理性"特征，使得网络与新媒体平台非常适合传递这种"情绪"。在网络舆情事件传播的过程中，伴随着意见的交互，情绪逐渐显性化。每次爆发网络舆情，都可以在互联网中见到网民对舆情事件的情绪上的释放。在一些涉及重大公共利益的舆情事件中，情绪表达具有非常大的感染力，即便舆情事件的全貌并没有呈现在舆论场中，网民的情绪可能已经爆发。

三、关键意见

在舆论场各种意见进行交锋的过程中，关键意见是左右网络舆情走向的关键要素。关键意见，就是在意见交互过程中引导舆论导向或者影响舆情发生转变的意见。关键意见，可能是相关部门的回应，可能是网络精英的评论，也有可能来自普通网民。一般来说，官方的回应容易受到网民的质疑，而普通网民中出现的关键意见则容易被网民所接受，特别是在网络中崛起的"草根"和"大V"，他们在舆论场中经过了网民群体长时间的"考验"，因此，他们拥有较高的可信度。

四、优势意见

网络舆情的走向最终还是要依靠优势意见的聚合。优势意见并不是被迫服从所形成的，而是网民在对大量信息进行分析、比较之后，自觉、自愿所接受的。在形成优势意见的过程中，关键意见的作用非常明显，往往围绕关键意见会形成大量的网民聚合意见，并产生局部优势意见，之后，通过各种传播渠道向外扩散，就形成了舆论场中的优势意见。

五、意见极化

网络舆情的发展、演化过程中，网民的情绪对舆论走向具有十分大的影响，再加上舆情中网民所具有的匿名性特点，导致网民容易产生极端的集体行动，也就是出现"群体极化"现象。个别网民可能出现言论、情绪的偏向，群体讨论后形成意见聚合，然后继续向这个偏向移动，直至出现极端观点。在网络舆情的监测过程中，一个重要的监测点就是看是否产生意见极化，如果产生意见极化，就需要进行一定的引导。

第四节　网络舆情的效果机制

网络舆情中蕴含了网民的"优势意见"，其中也包含了一定的民间诉求，这必然会对议题涉及的部门和人员产生影响，这就是网络舆情的效果。

由于我国在反映民意诉求，并将民意诉求纳入决策议程上的机制尚不健全，因此，网络舆情在某种程度上就承担了反映民意的职能。该职能效果主要体现在影响政府决策议程和影响政府常规决策上。

网络舆情一旦爆发，反响就会变得十分强烈，迅速形成公共议题，并要求政府做出回应，进而直接解决相关问题。这是典型的外部推动模式的作用方式。网络舆情不仅能够体现网民的诉求以及网民的情绪与态度，还能够汇聚民间的智慧。很多新政策在正式颁布之前，都会在网络上征求网民的意见，引导网民进行理性讨论，这能够在政策中最大程度地体现民意要素。

目前这种效果机制不仅体现在政府与网民的互动上，也体现在其他企事业单位、个体的身上。网民的声音越来越被社会各界所关注，成为影响网络空间和现实社会的重要力量。

第五节　网络舆情的阶段性发展机制

进入 21 世纪以来，互联网技术的飞速发展使得原来只属于少数精英阶层的数字网络得以在大众中普及。随着我国网民人数的急剧增多，网络舆情已经成为管理界和学术界争相关注的焦点之一。社会学、管理学、情报学、通信学以及新闻传播学的学术专家们都以各自领域的研究方法为基础来对网络舆情演变的过程和规律进行研究。网络舆情事件以一种不同于以往传统舆情的演变态势，给社会和人们的生活带来了一系列的影响，其过程和规律的演变研究最终将有助于政府对网络舆情管理和引导的策略调整。

目前，网络舆情的发展被划分为四个阶段，即潜伏阶段、爆发阶段、蔓延阶段和消退阶段。这四个阶段能够体现网络舆情的主要特征，结合这四个阶段的特点，需要采取相应的监测与引导手段。

一、潜伏阶段

潜伏阶段是网络舆情事件的发端。一个事件产生，通过媒体或者网民的曝光，从而引发社会公众的关注，随着关注度的不断提高，网络舆情就随之产生。一些有关腐败、城管、住房、医疗等敏感事件和新鲜话题发生后，经由网友爆料或者媒体报道渲染，会引发网民的普遍热议。

潜伏阶段，事件多发起于网民"随手拍"、媒体报道、爆料人爆料求真相等。在这个阶段，事件本身并没有引起大范围的关注，但是随着大量网民围观，这些舆情事件很快被公众所了解，同时开始在网络上大规模地扩散。只有具备网络舆情要素，并且在传播过程中具备较强传播力、影响力的舆情事件才会进入下一个阶段，引爆舆论场。

二、爆发阶段

敏感、有争议的话题和事件持续吸引网民的注意，各种主体和社会力量随之介入，包括当事双方、政府机构、利益相关方、围观者、意见领袖等。随着网民对事件的持续关注以及情绪、意见的不断释放，大量与网络舆情相关的信息得到补充和整合，从而吸引更多网民的关注，形成更深刻、更广泛的舆情及社会影响。

随着事件的发展，"围观"的网民越来越多，并开始加入事件讨论的行列，甚至有更多知情的网友纷纷出现，提供"信息增量"。因此，网民通过网络获得的信息越来越丰富，开始有了属于自己的观点和明确的态度，并通过网络平台与其他网友开展激烈讨论，抒发感想。特别是对于公共卫生类、社会安全类事件，公众希望官方查明真相，采取相关措施，完善相关制度。在此阶段，由于参与者越来越多，持续性的舆情对网民产生持续的刺激，也会对官方或利益相关者产生较大压力。

三、蔓延阶段

蔓延阶段，事件的"信息增量"逐渐减少，事件不再继续发展，没有更多的信息以供爆料。网民开始深入思考事件本身，探讨事件的本质问题、引发网络舆情的成因、舆情事件可能会带来的后果等。此阶段突出的一个特征，就是各类媒体（包括传统媒体和自媒体）都开始对舆情事件进行评论，提出各种观点，但是很少出现"信息增量"。如"江歌案"在蔓延阶段，新京报、某公众号等都对事件进行了评论，甚至出现截然相反的观点。

四、消退阶段

一段时间的高度关注后，网络舆情一般都会逐渐消退。有些影响较大的网络热点问题可能会在外界新的刺激因素作用下，出现第二波、第三波热潮。但从总体来看，随着时间的推移、公众兴趣的转移以及利益问题得到妥善解决，网络舆情就会由最初的不断扩散变为逐渐回缩直至最后沉寂。

2013年6月15日12时左右，网友"岔巴子"发布微博称：武汉城管捞外快，占道摆地摊。这则微博同时附上了十余张现场图片，引发网友围观。

6月16日，洪山区城管局和武汉市城管委表示，微博反映的城管队员确实是洪山区城管局一位正式的城管执法队员。同时，市城管委负责人回应称，公务员摆摊经商违反《中华人民共和国公务员法》第四十二条和第五十三条中关于公务员不许经商的相关规定，只要是公务员又同时经商，就违反了《中华人民共和国公务员法》。

6月16日，武汉市城市管理委员会在其官方微博"武汉城管"发布信息称，网友爆料图片中的执法队员系洪山区城管局执法大队直属七中队正式执法队员桂某，33岁，学历本科，2003年5月考入洪山城管局，2007年通过司法考试，平时表现优秀。爆料图片中的一位女子，也是洪山城管局机关工作人员杨某。

武汉市洪山区城管局6月17日召开新闻发布会回应称，两名城管工作人员利用下班时间在辖区内当小贩摆摊，意在通过"换位思考"，深入了解小贩们的实际情况，系"体验式执法"，并在发布会现场公布了两名城管队员摆摊期间写下的"体验日记"。

从武汉城管摆摊事件分析，该事件发生期的舆情仅限于事件本身，很少有发散，网友"岔巴子"最初在网上曝光城管摆地摊，配以相关图片进行佐证，并主动邀请武汉城管关注此事，武汉城管在短时间内进行回应，加之一些"草根"网友的不断转发，使得事件得以在微博上传播开来。6月16日，《人民日报》发布主题为"武汉一城管白天巡逻执法 夜晚变身练摊小贩"的微博，得到网友的大量转发和评论，为事件的传播推波助澜。随着大量媒体微博介入，如《南方日报》《东方早报》等，事件在微博平台上的关注度开始快速攀升，该事件进入一个扩散期，网民的关注对象从摆地摊城管个人转向武汉城管部门。6月17日，武汉城管回应的"卧底"一说引发微博网友的热议，其中，某公号所有者（粉丝 41 万）在自己的微博中不无讽刺地写道："……临时工时代已去，卧底时代来临。"他的这个观点较具有代表性，反映出普通民众对官方回应的一种不信任，这就需要官方进行进一步的回应。6 月 18 日，武汉市城管委再次召开新闻通气会，称"体验日记"有故事情节和真实感受，不可能造假。鉴于"城管怎么做都不对"，武汉市城管委新闻宣传负责人同时声称悬赏 1 万元，征集城管工作办法，引发又一波热议。6 月 19 日以后，该事件就进入了一个消退期。随着官方的进一步回应和时间推移，网友对武汉城管摆摊事件的关注度逐渐降低，城管摆摊的百度指数也不断下降。

从微博平台的传播主体来看，此事件仅限于少量的活跃网友，大 V 介入较少，这就为官方在微博平台上进行舆论引导创造了条件。

网络舆情大多来得快，消逝得也快。事件能够在短时间内积聚大量的关注，网友可以进行全方位的讨论，然而在讨论之后，热度很快衰退，渐渐消亡。在这一阶段，往往会发生新的网络舆情事件，冲散公众对旧事件的关注。新的舆情事件的大量信息再次通过网络涌入公众视线，公众的注意力从旧事件转入新事件，使旧事件的网络舆情渐渐消散。

这个阶段需要监测的重点是警惕信息的反转，因为反转也相当于"信息增量"，会再次激起网民参与讨论的热情，引发"次生舆情"。

以上五大机制最后聚合成了网络舆情传播与演变机制，其具体模型如图 4-1 所示。

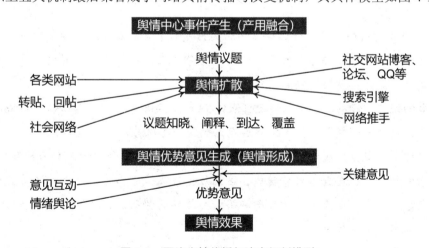

图 4-1 网络舆情传播与演变机制模型

掌握网络舆情的传播与演变机制，有利于掌握网络舆情事件的客观发展规律，进而便于对网络舆情进行监测与研判。

案例讨论：江歌案

一、事件回顾

2016 年 11 月 3 日凌晨，正在日本读大学的青岛姑娘江歌在东京中野区的公寓中被杀害，凶手陈世峰，即江歌室友刘鑫的前男友，被日本警方抓捕。12 月 11 日，此案在东京开庭审理，当日下午，江歌母亲江秋莲及众多中国留学生志愿者在东京池袋西口公园集会，征求民众署名支援判处凶手死刑。12 月 20 日，该案件在日本东京地方裁判所当庭宣判，法院以故意杀人罪和恐吓罪判处被告人陈世峰有期徒刑 20 年。

2017 年 5 月，江歌的母亲在网上公开了刘鑫的个人信息，双方以微博为主要阵地隔空发生冲突。8 月 23 日，受多方媒体和网络言论的压迫，刘鑫与江歌母亲第一次见面。11 月 9 日，专访栏目《局面》陆续曝光了江歌母亲江秋莲与刘鑫见面的视频，该栏目虽促使双方见面，但并未达成和解，再度引发社会关注，产生了影响力较大的舆论交锋战。

二、舆情趋势

11 月 9 日，《新京报》专访栏目《局面》发布采访刘鑫和江歌母亲的视频，微博达人"鸢爷"、媒体微博澎湃新闻、大 V "八组兔区爆料"等各类别的微博用户一直持续不断地关注并发布事件相关信息，继微信公众号"东七门"11 日发布文章《刘鑫，江歌带血的馄饨，好不好吃？》和某自媒体公众号 12 日发表《刘鑫江歌案：法律可以制裁凶手，但谁来制裁人性？》文章后舆论热度一路飙升。13 日《局面》栏目负责人王志安通过个人微信公众号发布文章《关于"江歌案"：多余的话》（见图 4-2）讲述双方见面的始末，引发舆论大量转载，达到传播最高峰。同时，公众对江歌室友刘鑫的指责也愈演愈烈，全民讨论呈现向网络暴力转向的势头，引发了对刘鑫个人进行网络攻击、人肉搜索等行为。

在此次舆论事件中，官方媒体进行了积极的正面舆论引导，封面新闻在《江歌案大家都在怼室友刘鑫，而真凶陈世峰你了解多少？》文章中公布了凶手的个人信息，并对陈世峰的家庭背景做了调查，呼吁网民关注真凶。除此之外，《南方都市报》在题为《江歌之死：舆论介入宜保持冷静与克制》的社论中也谈到不能忽略真正的凶手，宽慰家属最好的方式就是让凶手得到应有的惩罚。

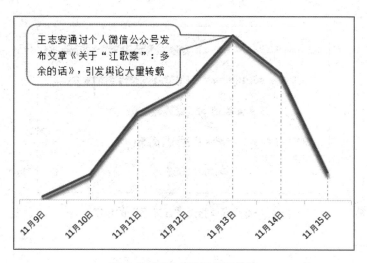

图 4-2　江歌案舆情传播趋势

此外，关于整个舆情法律方面，澎湃新闻在社论《让"江歌案"回归法律》中表示，江歌母亲江秋莲在痛失爱女之后，在网上散布乃至在村头散播刘鑫及其亲人的个人信息，间接鼓动网民"人肉"、骚扰他人，也有侵犯他人隐私权之嫌；对案件证人的这些行为，可能会干扰其作证，不利于公正审判。《新京报》在文章《江歌案，朴素正义感莫被情绪带偏》中评论，这种朴素的正义感仍然要在法治之下，即使舆论普遍支持朴素正义感，但真相和法治需要讲究证据和程序正义。在舆论交锋中往往有一些大 V 借正义情绪制造矛盾，打击现代文明和法治精神。为此，在网络舆情事件爆发后，各方媒体应从多角度实时追踪事件发展，引导舆论传播的正确走向，维护现代法治建设。

三、舆情焦点

（一）媒体报道内容

2017 年 11 月 9 日，在江歌被害一年之际，《新京报》专访栏目《局面》发布的一段江歌母亲与刘鑫见面的视频再次引发了媒体与网民对事件的关注，如图 4-3 所示。媒体对该视频关注的角度各有不同，其中，34%的媒体对视频中的采访内容及江歌母亲在网络中对刘鑫的冷漠态度进行关注；28%的媒体探讨江歌案中的道义责任与法律责任，探讨刘鑫应该承担怎样的道义责任；17%的媒体梳理江歌遇害案始末，回顾2016 年 11 月 3 日江歌遇害后案件发展的细节；15%的媒体从法律角度出发，呼吁网民不要对案件进行道德审判，案件事实真相尚未清晰，不能靠舆论定案，舆论不能绑架司法，更不能用道德审判代替法律审判，案件的真相要讲究证据与法治。

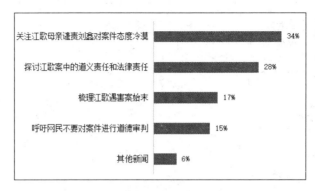

图 4-3 媒体报道"江歌案"的角度

数据来源：鹰眼。

（二）网民话题内容

　　江歌遇害一年后，媒体对于江歌母亲及涉事人刘鑫的采访引起网民的极大关注。江歌为保护室友遇害，而室友刘鑫没有及时出手相助，也没有在案发后第一时间向警方提供凶手的相关信息材料。网友对"江歌案"的关注角度与媒体报道角度有一些差异（见图 4-4），39%的网民对刘鑫的做法表示谴责，认为其自私、冷血的行为间接促使江歌死亡；26%的网民对于失去女儿的江歌母亲表示同情，对江歌的悲惨遭遇感到心痛惋惜；刘鑫长时间回避江歌母亲，对江歌遇害事件说法前后矛盾，甚至刘母对江母道出"你女儿命短"的话语，使得网民质疑刘鑫父母的人品，并讨论刘鑫的行为也反映出其家教的缺失，持此类观点的网民言论占18%；此外，江歌遇害案开始审判时，江歌母亲和志愿者发起请求判决陈世峰死刑的签名活动，传播该签名活动的网民言论占11%。

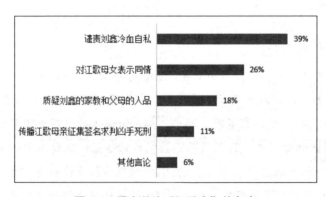

图 4-4　网友关注"江歌案"的角度

数据来源：鹰击。

四、事件总结

《局面》发布的一系列江歌母亲专访视频，让江歌遇害案重回公众视野，江歌遇害后当事人刘鑫的冷漠态度与江歌母亲对其进行的谴责抨击经媒体披露，立即吸引了大量网民关注。案件从一起江歌被害的法律案件，逐步变成了与江歌遇害有关联的刘鑫应承担什么责任的社会道德案件，网友在愤怒的情绪之下拷问刘鑫人性的冷漠与自私。

舆论不能代替法律，所有的讨论也都应该基于基本的事实，而不是想象或者假定。刘鑫在这起恶性杀人事件中究竟该承担什么样的责任还有待法律的最终确认。2019年10月，江歌母亲也正式起诉刘鑫。在这之前，任何预设都有待验证，而江歌母亲公开刘鑫的个人资料，进而引发人肉搜索和网络暴力，显然违背法律规则。

法律或者任何力量都无法避免偶然性的悲剧，重点在于我们该如何区别一起悲剧事件中的道义责任和法律责任。刘鑫可能没有法律责任但并不意味着没有道义责任，在案件未被公开审判前，公众都不应该先入为主先行审判，更不应该在真相未明之前要求当事人先谈道德、人性、宽容。冷漠对待救命之人不正义，网络暴力亦不可取，舆论绑架司法也不一定会实现真正的公正与法治。

【习题与思考题】

1．在"江歌案"中，发挥关键传播作用的网民有哪些？

2．在"江歌案"中，网民所表现出的主要观点有哪些？分析这些具有代表性的自媒体账号，思考这类账号体现出的网民的特点。

【实践任务】

复盘"江歌案"，思考在整个舆情事件广泛扩散传播过程中起到关键作用的自媒体有哪些？这些自媒体目前的运营状态如何？

【背景资料】

邻 避 效 应

邻避效应指居民或当地单位因担心建设项目（如垃圾场、核电厂、殡仪馆等邻避设施）对身体健康、环境质量和资产价值等带来诸多负面影响，从而产生嫌恶情结，滋生"不要建在我家后院"的心理，于是采取强烈和坚决的、高度情绪化的集体反对甚至抗争行为。

第五章

网络舆情信息搜集

┤ 学 习 目 标 ├

　　了解网络舆情信息与网络信息的异同，了解网络舆情信息搜集过程中人工主导运用技术手段的基本原则和方法。理解网络舆情搜集过程中的搜索引擎概念，了解网络搜索算法和网页相似度计算相关知识。能够运用各种搜索工具，在各类网络平台中自助找到目标网络舆情信息。

　　对网络舆情信息进行监测，除可以使用舆情信息抓取软件来监测之外，也可以利用人工进行信息的搜集与筛选。目前，市场中的舆情监测软件较多，提供的功能也较为齐全，本章中不做单独介绍。下面主要讲解人工进行网络舆情信息搜集的相关概念及基本原理。

第一节　网络舆情信息与网络信息

　　二十余年间，中国的互联网普及速度惊人，移动互联时代，各类新媒体更是层出不穷。现代信息技术的发展变化，深刻地改变了人们生活的方方面面。整个传媒行业受到巨大冲击，人们获取信息的途径进一步拓宽，不只局限于传统媒体。诸多新媒体的不断涌现，使得信息的传播得到空间上与时间上的扩展。

　　网络信息发布渠道和平台众多，诸如我们熟知的百度、搜狗、谷歌等搜索引擎，以及今日头条、腾讯新闻等移动端。不同于传统媒体的信息发布，网络信息的传播速度与更迭速度要快得多，传播力度与传播范围也要大得多，信息的输出量也空前巨大。当然，网络信息也带来了很多问题，如真伪信息混杂，大量信息涌入导致的碎片化阅读等。面对如此庞杂的网络信息，信息的收集与选取变得异常艰难。

网络吸引众多网民竞相在网络上发表言论，那些带有明显网络文化底色和公民个人态度的观点与看法在网络上汇聚成一个舆论的旋涡，形成网络舆情。这些信息通过互联网传播给社会公众，一定程度上影响着社会公众对某些问题的看法和社会舆论的动向。社会舆论的影响力在互联网的加持下，传播力度增强，传播范围也得到扩大。随着互联网的发展，越来越多的舆情旋涡转移到了网络上。比如微博的热搜，一定程度上已经成为"议题"来引导网民参与讨论。网民逐渐习惯于在网络上发表自己的观点、看法，而他们发表的言论又不仅仅局限于某一个平台，而是散布在网络的各个角落。随着网络对人们日常生活的不断渗透，线上与线下界限变得模糊，网民的一言一行都会在互联网上留下痕迹，这就使得任何舆情信息，甚至是突发舆情事件都可能在浩瀚的网络资讯中留下蛛丝马迹。网络舆情时代已悄然而至，如何在海量信息中准确地抓取所需的舆情信息，从而把控舆情发展，是网络舆情时代的新课题。

认识网络舆情信息，是技术发展和时代进步的需求，政府、企业甚至个人都需要深刻把握网络舆情信息的功能、特点及构成要素等知识，深入了解网络舆情时代的信息搜集技术手段、舆情分析方法等。互联网还处于发展阶段，5G 时代已经降临，技术不断更迭，如何把控舆情信息成为摆在整个社会面前的重大课题。

近年来，以网络为载体酝酿发酵的舆情事件不胜枚举。以微博为代表的网络舆论旋涡显示出放大镜般的效应，任何一件小事稍加运作，就能在网络上引发轩然大波。例如，成都七中实验学校食堂事件，事件初始由一段视频引发，视频内容为霉变食物，该视频在网络上一经发布，随即引发大量家长聚集维权。但后来经官方调查，视频为人为摆拍，然而为时已晚。在整个负面舆情爆发阶段，学校名誉严重受损，有关部门遭受质疑，由一段摆拍视频引发的舆论闹剧在全网一石激起千层浪。这样的网络突发舆情，以极其迅猛的传播速度，异常广泛的覆盖面积，短时间内登上微博热搜，成为全网热议话题。这种网络舆情带来的冲击使校方受到巨大质疑，更对社会的整体公信力造成了负面影响。

在这个热点频发、信息爆炸的时代里，网民借助网络扩大了信息获取范围，同时也加重了舆论盲从现象。一些事件经过酝酿发酵，在网络上引发舆情，进而引发全民关注，演变成网民普遍关注的热点事件。而网络也使得意见领袖的发言途径拓宽，更易影响舆论走向，这使舆情的处置变得更加困难。

想要有效监测和获取网络舆情信息，就要先了解网络信息的分发规则和网页搜索的规律，掌握信息在网络中的传播规律，只有这样，才能够对其进行有效的引导。

第二节 网络舆情信息搜集的基本原则与手段

一、网络舆情信息搜集的基本原则

在网络舆情信息搜集的过程中，需要遵循两个主要原则：技术和人本。

（一）技术原则

在信息技术不断发展的今天，舆情搜集工作必然也要适应信息技术的发展，用技术手段去应对网络舆情是大势所趋。我们可以感受到，基于互联网数据分析的大数据技术、基于信息检索的搜索引擎技术等的研发与突破，使得建立一个集舆情信息搜集、汇总、全时全网监测预警等功能于一身的，甚至可以对网络舆情进行简单分析与线上研判的网络舆情监测系统成为可能。舆情借助网络技术不断变化，而借助技术，我们也可以提高舆情应对效率，及时对网络舆情信息进行搜集汇报，更可以通过图表、数据分析等手段实时、全方位地呈现舆情发展态势，为舆情处理工作节省大量人力，提高工作效率与工作质量。

（二）人本原则

以人为本是舆情搜集工作的本质原则，而技术只是辅助手段。因为舆情的发起端是人，其处理的根本原则还要依靠人的洞察与分析，理性的数据固然可以分析网络舆情信息的价值、严重程度等规律性指标，却不能及时应对其变化性。没有温度的技术，并不能洞察到舆情中的人性因素、感性因素，而很多舆情的发生，都是由感性因素牵引的。我们要看到技术的局限性，要用人掌控技术，使之服务于网络舆情搜集处理工作。

以人为主导，利用技术手段，二者合理结合，方能在舆情信息搜集工作中高效率地实现"大海捞针"。

二、人工与技术手段的紧密结合

网络舆情信息的搜集主要依靠人工与机器编程程序的结合。人在网络舆情研判工作中是不可取代的主体，程序系统只起辅助作用。

（一）专业团队

首先，需要有一个专门的组织或团队，他们要擅长使用搜索引擎，熟悉各个平台的搜索算法，在突发事件产生时，可以第一时间利用关键词搜索，借助搜索引擎及各平台搜索程序的算法技术，多平台、多方法、多来源地搜集尽可能多的舆情信息。同时，结合舆情事件，运用多关键词组合搜索，扩大网络舆情搜索信息面。当然，随着技术手段的不断发展，如果有成熟的舆情监测系统可以直接对全平台、全网络进行搜索，会达到事半功倍的效果。搜集大量的信息是网络舆情分析研判的基础。此外，针对重大时间点，诸如节日、重大社会活动等，要能够预先预测到可能发生的舆情危机。只有有所准备，才能及时应对。

（二）信息搜集

大量信息的搜集看似容易，实际操作时却需要经验和技巧。首先要了解该舆情事件的发展过程，还要充分掌握各个搜索引擎的搜索规则和各个平台新闻信息的检索方式。网络舆情信息的搜集要在保证速度的同时力求全面，而后才能在此基础上进行更为细致的处理。想要高效率地及时搜集网络舆情信息，就需要一定的经验与知识储备。同时，还需要注意，由于突发事件和由此引发的网络舆情具有不确定性，舆情是不断变化、发展的，因此要时刻关注舆情发展趋势，改变关键词的组合，适时调整搜索方向、搜集方法去适应舆情发展中产生的新特点。舆情信息搜集工作具有很强的专业性，它融合了新闻、传播、公关等多种专业领域的知识，还要求工作人员具有一定的应变能力。

当我们已经搜集到大量网络舆情时，下一步要做的就是在已经获取的海量网络舆情信息中筛选出有价值的部分，为后面的舆情研判工作打好基础。

1. 信息分类

首先要做的就是信息分类，将搜集到的大量舆情信息依照不同标准进行分类。可以按照不同性质将网络舆情信息分为负面舆情、中性舆情和正面舆情。一般来说，当突发事件引发舆情危机，负面舆情数量最大，也是我们需要处理的首要目标。也可以按照舆情来源将舆情信息分为来自网络新闻媒体、社会化媒体、自媒体等的网络舆情信息。

2. 初步价值筛选

在对网络舆情信息进行分类的基础上，就可以对大量舆情信息的潜在价值进行有针对性的初步筛选。按照来源进行分级筛选时，其来源影响力较大的网络舆情信息可以列为一级舆情信息，比如，来自微博的舆情信息，来自微博某大 V 的负面言论。而影响力稍弱一点的信息就归为二级舆情信息，以此类推，对大量舆情信息的潜在价值进行初步判断与筛选。

需要注意的是，舆情事件的发生是一个过程，因此，舆情搜集具有持续性的特点。尤其面对突发舆情，需要持续跟踪事态发展，跟进舆情变化，要分时段监测，同时，将搜集到的网络舆情信息进行初步价值判断与筛选。

对大量舆情信息的筛选，是一个偏主观的工作，虽然它也遵循着一些既定原则，如信息来源的重要性、信息内容的舆论价值、信息是否具有引爆点等，但是在实际判断时，还是要由人来把控。在这一点上就体现出人作为网络舆情搜集工作的主体的重要性。由具有专业知识的人士对舆情信息进行价值初判，就可以过滤掉很多无价值的舆情信息，而在这个过程中，还会过滤掉一些虚假信息、重复信息或一些丧失时效的信息。这些信息被认定为对之后的舆情发展不会产生影响或会产生极微小的影响，统称为"待定舆情信息"。这些舆情信息在接下来的工作中并不会被重点分析与提及，这样舆情研判人员就可以节省精力，由此提高研判效率。

第三节　搜 索 引 擎

搜索引擎是服务于互联网的一种信息检索系统，根据用户需求，运用其算法及特定的策略，为用户在互联网中检索出所需的信息。按照其功能与原理大致可分为如下四类：全文搜索引擎、仿搜索引擎、垂直搜索引擎和目录搜索引擎。

（1）全文搜索引擎。全文搜索引擎就是通过从互联网上提取的各个网站的信息（以网页文字为主）而建立的数据库中，检索与用户查询条件匹配的相关记录，然后按一定的排列顺序将结果返回给用户。

（2）仿搜索引擎。仿搜索引擎，也称元搜索引擎，通过一个统一用户界面帮助用户在多个搜索引擎中选择和利用合适的（甚至是同时利用若干个）搜索引擎来实现检索操作，是对分布于网络的多种检索工具的全局控制机制。元搜索引擎一般都没有自己的网络机器人及数据库，它们的搜索结果是通过调用、控制和优化其他多个独立搜索引擎的搜索结果并以统一的格式在同一界面集中显示。

（3）垂直搜索引擎。垂直搜索引擎是针对某一个行业的专业搜索引擎，是搜索引擎的细分和延伸，是根据特定用户的特定搜索请求，对网站（页）库中的某类专门信息进行深度挖掘与整合后，再以某种形式将结果返回给用户。垂直搜索是针对通用搜索引擎的信息量大、查询不准确、深度不够等问题提出的新的搜索引擎服务模式，针对某一特定领域、人群或需求提供的、有特定用途的信息和相关服务。

（4）目录搜索引擎。目录搜索引擎是以人工方式或半自动方式搜集信息，由编辑员查看信息之后，人工形成信息摘要，并将信息置于事先确定的分类框架中。此类信息大多面向网站，提供目录浏览服务和直接检索服务。

搜索引擎技术在今天已经十分成熟，随着互联网的发展，它与我们的联系愈加紧密，也成为我们网络生活中不可或缺的一部分。百度和谷歌是我们较为熟悉的搜索引擎。

在网络中想获取信息，必然绕不开搜索引擎。而网络舆情的搜集，必然离不开搜索引擎的检索功能。搜索引擎的精准性、时效性、广泛性，对于网络舆情的收集和处理工作有很大帮助。毕竟在成千上万的信息海洋中，想要准确、及时地抓取我们所需的舆情信息，不依靠技术简直是不可能的，而搜索引擎就是可以借助的技术手段之一。

随着各大搜索引擎的发展成熟，各个搜索引擎已经各自形成独特的信息搜索与反馈规律。影响搜索引擎信息检索功能的因素主要有如下三点：国家政策、受众兴趣、商业利益。

在海量的网络信息之中，搜索引擎能让我们迅速抓取到所需要的信息，搜索的内容也不再局限于文字，图片、声音等都可以进行检索。越来越智能化的搜索引擎系统带来了多样化、广泛化的检索内容。与之相伴相生的则是各个搜索引擎体系化、成熟化后的标准不一的信息选择，以及由此造成的信息闭塞与垄断。在搜索信息的过程中，并不是所有我们需要的信息都会精准地被抓取，同时也会连带搜集到许多无意义的垃圾信息。这是搜索引擎巨头们商业化的必然结果，他们的利益点并不在于用户，而在于广告。因此，虽然为用户提供更好的搜索体验是搜索引擎的首要功能，但是，在商业市场洪流的裹挟下，难免要让渡一定的用户体验来获取利益。

对于网络舆情信息搜集而言，无法精准抓取所需信息必然会带来一些困扰。如何在标准不一的各个搜索引擎中准确搜集到所需的舆情信息，是我们面对的问题。这就要求我们认真分析各个搜索引擎的特性，综合多个平台搜索出来的信息来完成信息的还原。

百度、360、必应、搜狗等搜索引擎巨头们竞争激烈，这就意味着，如果仅仅依靠搜索引擎来获取舆情信息，势必要受到这些商业公司利益运作中的各种不确定因素的影响。熟悉搜索引擎并利用搜索引擎来获取网络舆情信息是网络舆情搜集的基础，但并不是最完美的途径。前面我们提到，受到商业因素左右，搜索引擎的准确性和信息抓取的可用性并没有预期的那么让人满意，其全面性和及时性对于处理突发舆情来说还有待提高。除此之外，在信息搜集方面，搜索引擎有其不可规避的短板，即信息的无序性，这导致通过搜索引擎搜索而来的舆情信息的搜集汇总工作变得异常艰巨，归类分析等后续舆情研判也很困难。

举例而言，现在的搜索引擎对于贴吧、论坛、微博的舆情信息并不能精准抓取并区分主贴、跟帖和评论。而现实情况是，舆情旋涡的产生就在微博、贴吧这些地方。同时，通过人工使用搜索引擎搜集网络舆情信息，其分类、归档、分析研判等工作也需要人工操作，信息的搜集统计需要耗费时间，而针对一些突发舆情事件，时间恰恰是最宝贵的。因此，当今的搜索引擎技术虽有诸多优点，但也并非完全适配网络时代的舆情信息搜集工作。

从技术层面而言，搜索引擎的技术观念对于网络舆情信息搜集系统的建立有借鉴价值。基于对搜索引擎技术的理解与掌握，综合网络监控页面采集等其他技术手段，建立一套完整的可以对微博、论坛、贴吧、网站等进行全时段舆情监控的系统，是必要且可行的。

第四节　网页搜索算法

上一节探讨了在网络舆情信息搜集工作中搜索引擎的作用与意义。具体来说，想说明网民如何通过搜索引擎获取信息，就需要涉及一个概念：网页搜索算法。

所谓算法，是指解题方案的完整而准确的描述，是一套指令，用以按照一定规范进行输入，并在有限时间内进行输出。算法是一个数学概念，具有有穷性、确切性、可行性三个特点。网页搜索算法就是应用于网页搜索的一套系统指令，在我们进行输入时，通过算法在海量信息中快速检索信息并输出给我们。简言之，网页搜索算法就是解决我们在网络世界里搜索信息这一问题的一套详细且复杂的指令。

搜索引擎自有其数据库，是依靠"网络机器人"或"网络蜘蛛"软件，通过网络上的各种链接自动获取大量网页信息内容，并按一定的规则分析整理形成的。搜索引擎的分析整理规则就是搜索引擎算法。

网页搜索算法不是固定的，为了更高效地提供网页搜索服务，搜索引擎使用的算法是变化的。但不管使用何种网页搜索算法，其最终目的都是提供更为高效的网络信息搜索体验，都是服务于用户需求。目前，比较知名的网页搜索算法包括以下几种。

一、TrustRank 算法

TrustRank 算法翻译为"信任指数"。该算法是近几年比较受关注的一种基于链接关系的排名算法。它基于一个基本假设：好的网站很少会链接到坏的网站，反之则不成立。也就是说，很多垃圾网站反而会链接到一些高权威、高信任指数的网站，来提高自己的网站信任指数。基于此，若能挑出信任指数评分最高、可以绝对信任的网站，那么，这些信任指数最高的网站所链接到的其他网站，信用指数会稍微降低，但依然很高。以此类推，第二层被信任的网站链接到第三层网站，信任指数逐级下降。好的网站不可避免地会链接到一些垃圾网站，但是，离第一层网站的点击距离越近，所传递的信任指数就越高；离第一层网站的点击距离越远，信用指数就随之越低。这种算法据此给每个网站相应的信任指数，距离第一层网站越远，就越有可能是垃圾网站。这样，就可以筛选出垃圾信息，将信任指数高的网站排名提高，令用户优先搜索到。

虽然，TrustRank 算法最初被看作是检测垃圾网站的方法，但在如今的网页搜索和搜索引擎排名算法里，其应用的范围日渐扩大，常常可以影响大多网站的整体排名。TrustRank 值也突出表现在域名级别方面，整个域名信任指数越高，排名也就越高。

二、PR 算法

PR 是 page rank 的缩写，翻译为"页面级别"。PR 算法所依据的理论是所有基于链接的搜索引擎理论中最为知名的，它用于表示页面重要性，即反向链接越多的页面越重要，其 PR 值也就越高。PR 值是 Google 排名算法中的重要因素之一，它既影响网页搜索的排名，也影响网站收录深度和总页面数。该算法由 Google 所有，但其他主流搜索引擎也有类似算法。

三、HillTop 算法

HillTop 算法是一项搜索引擎结果排序的专利，是解决 PR 值与特定关键词或者主题没有关联，只计算链接关系这一漏洞的算法，它更关注来自主题相关页面的链接权重，这就可以解决传统 PR 值计算带来的网页搜索疏漏问题。

四、李彦宏超链分析算法

早在 1997 年，李彦宏就提交了一份名为"超链文件检索系统和方法"的专利申请，在这份专利中，他提出了与传统信息检索系统不同的基于链接的排名方法。这个系统除索引页面外，还会建立链接词库，记录链接锚文字的相关信息。链接词库不仅包含关键词原型，也包含同一个词干的衍生关键词。根据这些链接数据，可以计算出基于链接的文件相关性，使得用户在搜索关键词时得到基于链接的相关性与基于关键词匹配的传统相关性并进行综合使用，从而得到更为准确的排名。这种算法在今天已经得到更为复杂的延伸演变。

除了上述四种算法，还有很多其他算法，诸如傅里叶变换、迪杰斯特拉算法、比例微积分算法等。算法在不断进步，各类算法各有千秋。在 Google 等搜索引擎中，往往依靠复杂的算法计算，得出准确的网页排名，给用户提供精确的搜索结果。

在日常的网页搜索中，网民得到的信息就是通过算法计算呈现的。概括来说，影响网页搜索结果的因素就是影响该网站的各种指数（包括 PR 指数等）的因素，大致有关键词相关性、域名的权重、外链与主题相关度、网页的内容质量等。

在今天，算法已经强大到可以根据用户兴趣匹配搜索结果和推荐信息。比如，今日头条的算法，就基于用户浏览停留时长，判断用户兴趣，定向精准地提供信息；淘宝页面的推荐信息也是这样的道理。这样强大的算法固然有其优点，但是也容易造成"信息茧房"效应，导致信息获取的局限性。网络舆情信息搜集过程中，在借助算法的技术手段和搜索概念的同时，也要规避其局限性，以更全面、客观地应对网络舆情信息。

网络世界囤积大量网页，通过算法计算，按照一定排名被网民检索到，而网络舆情信息就潜藏在浩如烟海的网页之中。对于网络舆情搜集工作而言，网页搜索算法是构建网络舆情监测系统的重要技术手段，它用以分类计算的各种指数最后指向网页的重要性、相关性，而网络舆情搜集的信息，也需要判断其相关性与重要性，在这一意义上，二者异曲同工。

第五节　网页相似度计算

在进行网页搜索时，我们会发现很多网页内容重复，或者同一个内容反复出现在多个网站等问题。这会造成搜索效率低下，这就需要提及一个概念：网页相似度。网页相似度就是指两个不同网页之间相同部分的代码字节数占两个网页总字节数的百分比。简单地说，就是不同网页的相似程度。

搜索引擎遵循鼓励原创、避免相似内容收录的原则。若网页之间存在较高相似度，就会降低网页权重，排名会靠后，甚至不会收录。计算网页相似度，是为了防止大量垃圾网站抄袭其他网站，信息被重复获取。筛出垃圾网站，这是搜索引擎的一个重要任务。

那么，什么样的网页会被判定为相似呢？所谓网页相似度，不单指文字、图片等内容上的重复，也包括网站结构和 CSS（层叠样式表）等因素的类似。因为网站内容必然会链接其他网页，所以并不是只要内容相似就会被认为是垃圾网站。一般而言，网页相似度超过 60%才会被认定为抄袭，才会影响权重与排名。

一、判别网页相似度的四种类型

判别网页相似度包括以下四种类型。

（1）两个网页的内容和格式完全相同。

（2）两个网页仅内容相同，格式并不相同。

（3）两个网页部分重要内容相同且格式相同。

（4）两个网页部分重要内容相同，但格式不同。

可基于上述四种类型设计算法，根据不同的问题使用不同的复杂算法来计算相似度，并进行分类判别，最终实现网页降重净化。

计算网页相似度的基本思想如下：为每个网页计算出信息指纹（fingerprint），就是把网页的文本信息、提出的关键词句或者段落及其在网页上的权重进行加密，形成一个类似人的指纹的字符串，这样，每个网页就有其特定的信息指纹，不相似的网页，信息指纹自然不同。这是基于文本内容的相似度而产生的思路。

二、判别网页相似度的主要步骤

以下为判别网页相似度的主要步骤。

（1）识别页面的主题内容。

（2）提取页面特征，细分网页内容为重合或不重合的几个集合。

（3）根据相似度度量计算信息指纹，判断集合的相似性。

（4）利用聚类算法，计算出哪些是相似的，并将其归类。

其中核心问题就是相似度度量计算的算法，可以参考主流搜索引擎的方法：计算内容的编辑距离、计算内容的信息指纹的分段签名算法、计算网页摘要的信息摘要算法、基于关键词的复制网页算法等。

结合网络舆情信息搜集工作，需要更加关注的是文本内容的重复。按照利用的信息，网页相似度计算包括如下三类。

（1）仅仅利用内容相似度计算。

（2）结合内容和链接关系计算。

（3）结合内容、链接关系与 URL（统一资源定位符）文字进行相似度计算。

计算网页相似度目的在于净化网页搜索，降低重复率，提高搜索效率。搜索引擎原则上鼓励原创，会降低那些完全抄袭和搬运其他网页内容的网站的排名，甚至不会收录。但在网络舆情信息搜集中，一方面，我们需要针对不同舆情展开大量搜索；另一方面，我们也要针对特定舆情搜索同一内容在不同网站、不同平台上的扩散爆发情况。因此，网页相似度计算的技术，应用于网络舆情监测系统的构建就有了这两个方面的意义，应用于网络舆情信息的搜集也有了这两个方向的指导思想。

网络舆情信息搜集建立在互联网技术的基础之上，因此，了解一些有关网络搜索的专业术语是必要的。本章所提到的是一些基本的术语，要想更深入地了解相关信息，需要结合网络舆情监测的实际工作，不断学习、提升。

案例讨论：文登侯聚森事件

一、事件回顾

2015 年 7 月 22 日，文登青年侯聚森在校门口遭到 4 名外地青年的围殴。在围殴过程中，4 名外地青年使用了辣椒喷雾器、甩棍等多种暴力器械，导致侯聚森头部、背后等多处受伤。据悉 4 名青年皆参与了一个叫"纳吧"的反党反社会的组织。事发后，文登警方介入调查处置，对外公告称当事双方因意见不合相约见面，随即发生暴力冲突。警方依据《中华人民共和国治安管理处罚法》，对当事双方皆处以行政拘留处分。原以为通过一纸权威通报可以令事件降温，却未想到因警方具有争议的文字表述和处理决定引发了大量网民的不满，掀起了巨大的舆论波澜。

二、舆情趋势

7 月 22 日侯聚森发布微博后，网友种花家的小小兔陆续发布微博，爆料该事件的前因后果，并公开侯聚森曾遭"纳吧"博主"人肉扒皮"、威胁恐吓。随后，自媒体大鹏、戴旭网络义勇军团、庄志明律师、千钧客、平民王小石、张亿安-龙战于野（见图 5-1）等自媒体大 V，共青团中央、青春山东、青春济南、云南共青团、福建团省委等团系统官方政务微博，以及《中国青年报》《北京晚报》等媒体官微，表明坚定支持青年爱国的态度。

图 5-1　张亿安-龙战于野对侯聚森事件的评论

如图 5-2 所示，舆论主基调围绕声援侯聚森，谴责网上舆论戾气和网下暴力行径，要求严查幕后主使和施暴者以及赞扬青年爱国守法行为等方面展开。

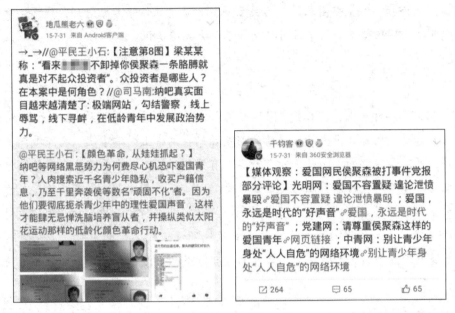

图 5-2　网络大 V 声援侯聚森

威海警方在线（见图 5-3）、文登警方在线作为案件管辖地官方账号，表示对该事件的强烈关注，承诺将依法妥善处置。但与积极发声的态度相比较，警方使用的对外公告措辞存在问题，给舆情的爆发埋下了隐患。以老榕为代表的网上争议人士大量介入舆情，爱国议题开始受到抨击，舆论焦点开始向"爱国与法治孰轻孰重"转变，舆情开始脱离案件本身。

图 5-3　威海警方在线发布官方通告

7月26日，山东大众网对侯聚森及其父亲做了独家专访，详述了整个事件的前因后果，起到了公开完整事实的关键性作用。人民日报客户端、中华网、新民网等官方媒体，新浪、搜狐、百度等门户网站纷纷跟进事件发展，察网刊登长篇文章《侯聚森事件：暴力团伙背景被察网读者查出和纳吧关系密切与老榕有互动》，深度揭露境外势力、网上公知、纳兔吧团队的背后关系网，大量自媒体账号跟进评论传播，舆情态势逐渐明朗，网民基本对该事件有了充分了解和正确认识。

三、事件总结

"7·22"事件一发生，很多爱国网友就意识到了问题的严重性，在网上积极发言，声援被打青年侯聚森。很多熟知内情的网友开始在网络上列举事实、公布截图，证明这起事件并不是偶然的，而是一起有预谋、有策划的暴力袭击爱国青年事件，但管辖地公安局随即所发表的声明让网友大失所望。

文登"7·22"事件是对意识形态工作、舆论战线工作的一次考核。团中央对爱国青年的支持，已经体现出组织在舆论战线敏锐的反应能力，党中央、山东省委对事件的最终处理意见必将影响深远，最终的处理结果必定是社会主义民主和法治的伟大胜利。

【习题与思考题】

1. 官方新媒体账号"共青团中央"的运营特点有哪些？对官方新媒体运营有哪些借鉴作用？

2. "团团"（共青团中央）系统的新媒体矩阵是如何搭建的？共青团中央新媒体哪些方面运营得较为出色？

【实践任务】

在全网找到共青团中央的全部新媒体账号并分析其矩阵运营的特点。

【背景资料】

"团团"——共青团中央的新媒体"人设"

近些年，在社交媒体中，共青团中央及各地区的团委官方新媒体持续发力，已经成为当前舆论场中的重要力量。由于共青团中央各类新媒体运营出色且与网民沟通良好，形象又比较亲民，被网民昵称为"团团"。在媒体环境不佳、传统媒体艰难转型的时代，"团团"新媒体的出色成绩格外耀眼。

共青团组织形成的新媒体矩阵在当前媒体领域中逐渐成长为重要力量，这种变化是在群团组织改革的大背景下产生的。青少年本身就是网络中最活跃的群体，特别是年轻的一代更是网络的"原住民"。团组织的工作对象就在网上，发展新媒体则是顺理成章的事。

经过几年的运营,"团团"的新媒体已经成为年轻一代爱国者聚集的平台,不仅在两微,就连 B 站(bilibili)、抖音等平台,"团团"也拥有大量的粉丝。其中,共青团中央在微博拥有 1650 多万粉丝,在抖音拥有 720 多万粉丝。这还不包括各省、市团组织的官方新媒体所取得的运营实绩。虽然有人揶揄"团团"的粉丝都是"小粉红",但是,在现在的网络"字典"里,这近似一个中性词。更何况,对新媒体来说,粉丝的"忠诚度"是非常关键的要素,能够将同一特质的粉丝聚拢起来,是非常考验新媒体运营能力的。

除这种可以量化的数字之外,"团团"新媒体的影响力和传播力也一样让人惊叹。凭借着出色的策划、运营能力,"团团"多次推出重磅主题,成功带起网络"节奏"。

第六章

网络舆情监测

学习目标

了解网络舆情的基本要素,对各个要素内容有深入的把握;同时,掌握网络舆情数据采集和分析的基本流程与步骤,掌握网络舆情监测的工作流程;能够具备大数据思维,对大数据时代的网络舆情监测工作有一定的了解。

网络环境日益完善,网络技术手段不断发展,互联网逐渐成为当代影响人们生活的重要因素。微博、微信等一些媒体平台的出现,给网民提供了表达想法的平台。由于每个人生活环境和受教育水平等各方面都不同,其价值观必然有差异,再加上媒体平台的出现,都为虚假信息和极端言论的滋生提供了温床。因此,对于网络舆情的监测就显得尤为必要。

第一节 网络舆情监测的基本内容

网络具有的开放性使得每个网民都有机会发布和传播信息,而网络的匿名性则让信息发布者有机会逃脱道德和法律约束而在网上发布一些不实言论或虚假信息。因此,网络舆情的监测势在必行。网络舆情监测有六个基本要素,它们对于做好网络舆情监督至关重要。

一、建立完善的网络舆情监测系统

要想开展网络舆情的监测工作，首先要建立一个完善的网络舆情监测系统，而它需要强大的信息技术作为支撑。随着经济的发展和时代的进步，网络的发展越来越完善，相关的网络技术也在实时更新，有了强大的信息技术就可以完善舆情监测系统，做好网络舆情的实时监督工作。

通过实时有效的网络舆情监测，可以掌握现有的网络舆情状况以及舆情发展趋势，从而有效地采取措施，避免一些不良舆情的扩大。通过监测网络舆情，可以及时了解社情民意，汇聚网民的想法。

建立完善的网络监测系统，可以对热点问题进行有目的、有选择、有范围的监测，随时获得最新的消息，掌握全新动态；可以及时了解相关动态，以便做好不良舆情的预防工作；可以及时发现负面消息，为一些部门提供数据支持。因此，想要做好网络舆情的监测工作，建立一个完善的网络舆情监测系统势在必行。

二、建立网络舆情保障制度

要想进行网络舆情监测，一定要建立网络舆情保障制度，做好网络舆情的保障工作。在网络舆情的保障制度中，网络监测系统对网络舆情进行实时监控，监测到发生的舆情后，将舆情信息发送至网络舆情管理部门，管理部门组织相关人员进行讨论，总结出舆情处理意见，然后将舆情处理意见发送至相关宣传部门进行实际操作，最后针对该舆情和当事人进行协商，必要的时候，还需要召开新闻发布会进行官方回应。负面舆情结束之后将事件记录归档，并总结其中的经验教训。

建立网络舆情的保障制度能够使网络舆情监测更有意义。当监测到舆情的发生时能够及时接收到信号并进行合理、高效的处理，及时公关，避免负面新闻的扩大。

三、和专业舆情监测公司合作

要想进行高效有序的网络舆情监测，可以选择和专业舆情监测公司进行合作，接受一些专业的舆情处理专家的指导。目前，"舆情监测"已经成为一个产业，经过常年激烈的竞争，涌现出一批优质的专业舆情监测公司、网络公关公司。

王石"捐款门"公关案例就是典型代表。汶川地震时，王石所代表的万科公司捐款人民币 200 万元，这一举动迅速引起网友的不满。网友纷纷表示"万科捐款太少、太小气"，王石对此表示："慈善是一个长久的事业，应该持续地进行，200 万是一个合适的数字,慈善不应该成为压力。"但是网友们并不认同,一时间万科的口碑急剧下降。这时王老吉公司向灾区捐款一亿元的消息传播出来,对万科不满的网友们立刻转向夸赞王老吉,两个企业形成对比,王老吉的企业口碑迅速上升,建立了良好的企业形象,王老吉一时风光无两。地震捐款事件发生后的一两个星期,万科集团终于做了声明,王石就自己的言论进行道歉,并追加捐款一亿元。虽然万科对这次的负面舆情进行了公关处理,但是由于处理得不及时、不完善,并没有收到很好的效果。而王老吉集团的公关部门及时抓住了这一机会,在这一次的"捐款门"事件中成了最大的赢家。通过这个事件,我们可以看出公关以及舆情监测的重要性,实时掌握最新舆情信息和群众态度是处理舆情的关键点。综上可知,优质的网络公关、舆情监测对公司的稳定与发展至关重要。

四、通过监测系统对各个平台进行实时监测

随着网络技术的不断完善,网民在网上进行交流和获取信息的平台越来越多。从之前的贴吧、论坛、天涯到现在的微博、微信、头条等,在这些平台上都能看到网友的评论。要想对网络舆情进行监测,就需要同步对这些平台进行监测。舆情信息可能由媒体和营销号发出,也可能由互联网的主体——网民发出。随着网络环境的改变,网民在网络中的话语权逐渐增强,成为网络舆情主体中最为关键的要素之一。由于微博、头条、抖音这些社会化媒体平台的出现,网民从现实生活中获取到的舆情信息很容易发布在网络上,有吸引力的内容会迅速获得流量,同时通过转发、评论等方式立刻扩散开来。

通过监测系统实时监测互联网(新闻网页、各类论坛、微博、各类贴吧)中网友发表的内容和评论,能够及时、有效地获取最新的舆情信息以及群众的看法和观点,通过对有效信息进行筛选、分析,提炼出我们想要获取的舆情信息,进而有针对性地去解决舆情问题。通过对各个媒体平台进行监测以迅速获取舆情信息,是进行网络舆情监测非常重要的工作。

五、发现网络舆情事件后采取有效措施

进行网络舆情监测就是为了能够及时发现问题并解决问题。对于通过舆情监测发现的负面新闻要迅速进行危机公关,避免小问题扩大成大问题。而有效的危机公关能够化险为夷,甚至能够达到将负面影响转化成正面影响的效果。

六、建立信息公开机制

有时候隐藏相关信息也可能造成负面舆论。现在网络环境日益完善，网民获取信息的渠道广、能力强，即便是有选择性地发布信息，也容易被网民找到隐藏信息。一旦出现这种情况，会引发更大程度的信任危机。对此，可以建立信息公开机制，有序公布信息，形成良好的信息披露程序。适当地增强信息的透明度，遏制网络舆论质疑的不良之风，是做好网络舆情监测的根本。

第二节　网络舆情监测的数据采集

对网络中的舆情进行监测时，首先要对一些舆情进行数据的采集，它是进行网络舆情分析的基础和前提。在对舆情监测进行数据采集时，一般使用元搜索技术、网络爬虫技术等实现对舆情信息的抽取。

一、选择数据

网络上有很多舆情数据，从类型上分类有文字、图片、视频和音频等。为了数据的准确性，需要采集较多的数据进行分析；为了数据的代表性和客观性，需要选择用户较多且较为活跃的网站作为数据采集的目标网站，这样采集到的数据才更具有科学性。

近年来，网络技术不断发展，公众上网的需求越来越大，随之出现了越来越多的平台。从 QQ、贴吧、论坛到今天使用较多的微信、微博，网民上网使用的平台也在不断变化。为了使采集到的数据能够与时俱进，采集时所选择的平台也要不断更新，最好寻找用户量大、用户活跃、话题较多的媒体平台进行数据的采集。

在以前的社交媒体时代，可以在论坛和贴吧中进行数据采集。现在新媒体平台不断地更新换代，贴吧、论坛逐渐没落，网民参与讨论的重心逐渐向微博、微信等社交媒体平台转移。这时候如果继续在论坛、贴吧采集数据，那么数据就不具有客观性和代表性了。因此，可以转换平台，比如在微博的"热搜"中进行数据采集，以保证数据的科学性。

二、网络爬虫技术

如今是一个信息飞速发展的时代，各类信息爆炸式增长。在有如此多信息数据的当下，仍然使用人工进行信息处理是不可行的，人工处理已经无法跟上信息更迭的速度。只有借助一些软件、程序或者代码才能够提高处理和接收信息的速度，提高工作效率，由此网络爬虫技术诞生了。

网络爬虫也称为网络蜘蛛或者网页追逐者，其能够按照一定的规则自动地抓取互联网信息的程序或者脚本。网络爬虫技术可以对网络中的信息和数据进行横向和纵向的抓取，同时能够对数据进行处理并保存到数据库中。网络爬虫是收集网络舆情信息的主要手段，经常用来获取数据和分析数据。网络爬虫一般通过模拟客户端发送一些网络请求，接收请求响应，按照一定的规则去自动地抓取互联网中的一些信息，最后将其保存入数据库。网络爬虫是收集和监测网络舆情的重要手段。

三、处理数据

网络信息十分复杂，监测获取的信息中包含很多我们不需要的内容，因此，需要对获取的信息进行一些处理。一般我们会将信息进行去噪、分词、提取信息内容、移除无效成分、获取网页信息和中文分词等操作。对于获取的网络信息，一般看重其中的正文成分，需要将其他无用的数据去除。通过这些步骤可以有效地去除无效和干扰信息，获得网络舆情监测所需的数据。

四、文本分类

面对浩瀚的大数据海洋，无法使用人力进行筛选，这时候就需要使用文本分类技术进行数据和信息的分类和分析。文本分析可以根据获取的文本的一些特征，将含有相似特征的文本划分到一类中。文本分类技术可以帮助我们缩小信息的范围，将众多信息划分成不同类型的集合，在这个过程中，过滤掉无效和干扰的信息，从而达到数据采集的目的。

使用文本分类技术不仅可以加快数据和舆情收集的速度，还有利于对获取到的信息进行分析和处理。文本分类技术可以较快地处理获取到的负面舆论，并在危机爆发之前提出有效的解决方案，是网络舆情监测的重要手段。

第三节　网络舆情监测的数据分析

网络技术手段飞速发展，网络环境日益完善，可以监测到的网络舆情数据也越来越多。数量庞大的网民活跃在互联网上，留下数以亿计的信息。通过对网络舆情进行实时有效的监测，就能够获取想要的数据。

由于网络市场十分庞大，越来越多的媒体平台应运而生。一些媒体平台可以根据网民的爱好将网民进行分类。比如，微博的超话、贴吧的各个吧、头条各个种类的新闻等，这些媒体平台可以对所有用户进行精准化分析，并划分在不同的集合中，当然，一个人也可以分别处于不同集合当中。这些不同的集合既方便满足网民不同的需求，也让网络舆情的监测变得更加简单。当一个日用品企业想要获取有关日用品的相关数据时，就可以监测有关的集合，获取数据更加简单便捷，精准度也更高。

互联网上的数据非常多，因此在采集和分析数据时不能仅依靠人力，还要依靠技术手段来更加高效、便捷地进行数据收集或者分析。网络舆情监测并不是这些工作的终结，重点是将监测到的数据进行分析，转化成下一步的指令。

拼多多能够在短短几年的时间内从众多购物平台中脱颖而出，其中就少不了数据分析的作用。之前我们经常使用的购物平台如淘宝、京东、唯品会等，在发展的过程中都致力于向中高端迈进，想要把自己打造成一个高品质、高等级的购物平台。但是现实却是我国很大一部分消费者身处三四线城市，这些消费者对于价格比较敏感；还有一部分人可以使用微信但是不太会使用支付宝、淘宝等软件。这些消费者是淘宝、京东这些购物平台的盲区，而拼多多就获取到这一数据。拼多多可以使用微信登录，同时商品十分便宜，这两点就抓住了三四线城市消费者的心。但是随着拼多多购物软件的发展，由于低价造成的质量问题和假货问题越来越严重，拼多多的口碑好坏参半。拼多多相关部门监测到这一舆情数据，针对这一方面采取了行动。2019 年，拼多多和亚马逊进行合作，以解决其质量问题。这一基于舆情监测所采取的举措在一定程度上改善了以往消费者对于拼多多价格低廉、质量较差的印象。正是依靠对舆情的监测，拼多多可以实时掌握用户对拼多多的需求以及看法，并立即采取措施进行改善，取得了良好的效果。

第四节　网络舆情监测的可视化技术

当前网络中的信息错综复杂，海量数据爆发式增长。大数据时代的网络舆情监测有助于实时掌握最新的网络舆情动态。现在的主流社交媒体平台，如微博、抖音等，都设置了热搜榜单，从中可以看到在某一段时间内哪些内容的流量最高，这就是流量的可视化，也是网络舆情监测的可视化。

白酒企业江小白就合理地运用了网络舆情的可视化技术。江小白的受众群体定位为年轻人，它抓住当下年轻人关注度高、流量大的项目进行赞助和投资，在年轻人面前树立起年轻化的企业形象。江小白致力于打造新青年文化，在年轻人喜欢的领域，开展"江小白 YOLO 音乐节""江小白 Just Battle 国际街舞大赛""国际涂鸦大赛""江小白 J-SKYMAN 越野摩托车锦标赛"以及江小白动漫等活动，做好品牌差异化，提升品牌知名度和美誉度。江小白参与到年轻人的圈子中，增加了年轻人对江小白的价值认同。在 2019 年夏天流量高、受众群体庞大的节目《中国新说唱》中也有江小白的身影。江小白赞助《中国新说唱》，让高人气选手们在节目中以 rap（说唱乐）的形式讲述江小白文化，使其获得更多的流量和话题，从而进一步营销其产品。"江小白 YOLO 音乐节"汇集了众多年轻人喜爱的歌手，通过音乐节这一活动，江小白以文化输出的方式打造自己年轻化的品牌形象，在年轻人群体中获得更多人的认同。同时，举办新青年文化嘉年华的场地，都是位于重庆江津白沙古镇的江小白酿造基地——江记酒庄，在开展活动的同时增加年轻人对江小白的了解，促进酒庄的发展，促使其走向国际化。江小白也在一些青春影视剧中出现，这些影视剧面向的受众大部分是年轻人，和江小白同时出现的是关于青春、关于奋斗的画面，年轻人观看后在产生共鸣的同时也会购买江小白，这就实现了产品推广。江小白公司将流量可视化技术运用到企业营销中，抓住高流量的话题内容和江小白产品进行捆绑，从而将江小白这一企业品牌打入大众视野。

网络舆情可视化作为流量数据的监测可以被视为虚拟世界的摄像头。企业可以通过流量采集和深层分析来获取流量较大和用户较为感兴趣的内容，将有流量的数据与企业的产品或品牌进行结合，合理利用网络舆情可视化信息，将结合过后的品牌和产品投放给用户，达到获取更多流量的效果。

网络舆情可视化系统和互联网相连，实时采集大量的数据进行分析，去除无效和干扰信息，储存有效数据。网络舆情可视化技术也是一种网络领域的智能系统，可以为网络领域的其他系统提供数据和舆情的支持。

第五节　网络舆情监测的工作流程

在网络时代，所有人都可能通过网络向外部发送信息，这时候就需要对网络舆情进行监测。想要合理、高效地进行网络舆情监测，提升监测的实践性，就需要科学的流程和工作机制。

一、采集部署

进行网络舆情监测时，可以使用监控系统的信息采集功能在互联网上采集新闻，获取想要了解的有效信息，也可以查看一些社会化媒体平台上网民的评论、网民发表的内容来分析网民的想法和需求。在采集到有效舆论后，可以将相关信息保存到数据库中，方便以后查找和分析。在采集部署中可以将信息分门别类地进行保存，以便进行总结。

二、舆情分析

监测到网络舆情并不是最终的目的，而是为了在舆情中获取我们想要得到的信息，这时候就要对网络上获取的舆情进行分析。系统通过舆情监测引擎对采集到的相关信息进行智能筛选和加工并进行总结，再将分析结果存储到"成果库"中，方便进行查阅和分析。同时，可以将"成果库"进行数据化的分类，存储一些有概括性的关键词和沟通元，以后有此类型的数据可以直接划分进来。

获取的舆情信息可以为各类组织机构服务。优衣库在最初开始出售联名的服装时也会进行一番市场调查，接收到很多消费者的反馈和想法，优衣库进行总结和分析，发现联名款确实会促进销量的增加，以至于后来优衣库和多个知名 IP（知识产权品牌方）联名出品的服装造成"哄抢"的局面。

网络舆情监测后的分析是很重要的，合理利用舆情数据可以及时了解社会和网民的需求，从而"对症下药"。

三、成果数据

一些舆情信息数据通过舆情"成果库"进行加工和处理，加工处理完的信息会被发布并显示在相关网页页面，这些信息形成可视化的成果，可以进行备案方便以后的查询和使用。

比如，一家食品公司出现食品品质问题后，相关部门可以收集此次事件的社会舆论和群众态度，保存公司当时的做法以及社会大众的反应。此次危机公关的过程和结果保存在"成果库"中，以后有类似危机发生时可以借鉴。成果数据在网络舆情监测中十分重要，这是对舆情数据的记录和总结。

四、生成简报

当系统生成了成果数据后，可以通过系统浏览相关舆情信息，同时还可以生成舆论简报，方便以后的查询和浏览。生成的舆情简报可以进一步编撰舆情报告，也方便掌握日常舆情监督工作的进展。网络舆情监测之后形成的简报可以自己查阅，也可以作为其他政府部门、企事业单位的示范案例。

形成简报是网络舆情监测工作流程的最后一步，可以为监督工作做一个好的收尾。

总的来说，在网络舆情监测工作中，首先对数据进行部署和采集，获取所需的有效数据，再将采集到的舆情进行分析，总结内容或发现其内在的联系，将成果汇成数据，最后生成一份对该项舆情监测工作的简报，这就是网络舆情监测完整的工作流程。根据该流程可以有效、准确地把握舆情信息，为当下和以后的工作服务。

第六节　大数据时代网络舆情监测技术的挑战和困境

现在正处于一个大数据的时代，信息爆炸式地增长，网络舆情风险急速增加，在这个环境下网络舆情监测技术面临很多机遇和挑战。在大数据环境下使用网络舆情监测技术，即时更新的信息和数据可以为机构、个人提供最新的信息资讯，同时会影响相关行业和领域的发展。大数据的背后是海量的网民，这些网民在网上发表的内容和观点组成五花八门的数据网。大数据的使用使舆情分析与监测的发展达到一个新的高度，也使舆情分析和研究成为当前社会聚焦的重心。

一、大数据时代网络舆情监测技术遇到的挑战

（一）舆情发现

网络的信息量巨大，多种社交媒体平台共同发展，网络环境日益完备，手机和网络的使用已经深深融入公众的生活中，越来越多的人使用手机和网络在社交媒体平台上发表自己的态度和看法。我们面对的网络舆情数据越来越多，这些数量庞大的数据已经无法继续使用人工进行总结分类和分析，我们需要依靠相对先进的技术来解决这一问题。

大数据时代到来，舆情信息的急剧增长增加了舆情监测的难度，我们对于具有全网数据监测能力的舆情系统更加依赖。随着"互联网+"的发展，各行各业的舆情信息不断融合，多个行业协同发展，舆情信息不仅数量繁多而且相互交织，监测到具体、有效的数据十分艰难。在浩瀚的信息海洋中，实现全面实时的舆情监测就要总结和整

合更多的信息，这对于网络舆情监测技术来说确实是一项挑战。

（二）舆情甄别

同时，舆情事件演变的速度因传播载体的变化而加快，这就要求从业人员能在智能舆情监测系统的帮助下更快速地掌握舆情发展现状并予以及时回应。网络舆情处置的时效性十分重要。现在互联网用户可以随时随地地发表看法和观点，一个社会事件发生后很快就会有不同的人表达自己的态度，一些有共同想法的人会汇集到一起，或者一些意见领袖会引导一部分群体的看法，这时候舆论会逐渐扩大，影响范围越来越广。及时地回应和处理舆情事件会缩小影响范围，减少相应的损失和处理危机的预算费用。

此外，还需要一个拥有庞大数据库而且技术成熟的舆情平台对事件进行客观分析，了解事件发展的趋势、核心传播者的用户画像等，以帮助从业人员甄别舆情，及时做出正确回应。对舆情梳理过后进行总结是大数据时代下网络舆情监测必不可少的步骤。

（三）舆情处置

在大数据环境下，舆情爆发呈现去中心化、多元主体的态势，爆发性更强，也极容易发生反转。因此，舆情处置不能如盲人摸象，而要以数据作为评判依据。在舆情出现直至消退的过程中，并不仅仅依靠舆情自己来发展，由于社交媒体平台上网友可以参与生产的特点，舆情的发展往往由网友、营销号和媒体共同作用，这就使得舆情的发展具有不可预估性。在进行舆情监测的过程中要进行实时监测，对于舆情的处置要以具体的数据作为评价标准。由于舆情发展的多变性，网络舆情监测也面临一定的挑战。

二、大数据时代网络舆情监测的困境

（一）缺乏大数据基本意识

现在大部分决策者的思想还是较为传统，即在负面舆情发生后再采取行动进行补救，这是缺乏大数据基本意识的体现。在网络技术飞速发展的今天，舆情和数据信息量急剧增加，虽然获取信息的方法更多了，但是却很少思考大数据信息背后的价值。危机发生后再进行公关，舆情爆发后再采取措施，这虽然也可以解决发生的问题，但是却没有精确把握舆情监测的真正意义。舆情监测可以在负面舆情发生之前及时发现预兆并进行制止，运用大数据进行监测可以更加有效地防止负面舆情的爆发。

身处大数据时代，就要抓住大数据给我们提供的便捷条件，增强大数据基本意识，合理运用，重视民意表达，更好地掌握舆情监测的内在价值。

（二）数据采集技术较落后

当前的舆情监测和数据信息采集技术虽然在不断发展和进步，但是由于数据量较大，数据内容错综复杂，采集有效数据的技术还不是十分完善。目前数据采集的层面还比较浅显，实用性也有待提高。应当在大数据采集方面继续探索，寻求数据内在价值，提高数据采集的技术。

（三）管理机制还未完善

在网络舆情监测方面建立一套舆情管理机制十分必要。在网络舆情监测过程中，管理机制可以使各个部门、人员各司其职，不重复、不浪费，合理发挥各自的作用。在监测方面各个部门要进行资源的整合，实现资源共享，提升信息数据的利用率。想要进行更有效率、更加完备的舆情监测，就要完善相关管理机制。

在网络舆情监测中要更有效地进行实时监测的方法，同时也要意识到现有的舆情监测机制存在的问题，以及我们应该如何去面对挑战和困境。

在信息飞速发展的当下，对网络舆情信息进行实时监测十分必要。通过监测社交媒体平台上用户的评论，可以获得网民真实的态度和想法，把握网络舆情发展走向，利于各个机构、个人的形象塑造，促进社会稳定、和谐地发展。在大数据时代，也需要即时更新网络舆情监测的思路和机制，将技术手段与人工手段完美融合在一起，结合网络技术的发展动态，调整网络舆情监测的方式、方法，以取得最佳的监测效果。

案例讨论：鸿茅药酒“跨省抓捕”事件

一、事件回顾

2017年12月19日，广东医生谭秦东在"美篇"的个人主页上发表题为《中国神酒"鸿茅药酒"，来自天堂的毒药》的文章，文中称鸿茅药酒会对老年人造成伤害，点击量达2000多次。12月27日，凉城县公安局接到鸿茅药酒公司报案，鸿茅药酒厂家称，有2家企业和7位市民取消了鸿茅药酒订单，给企业造成损失142万余元，谭秦东的文章损害了其商业信誉。2018年1月10日，内蒙古自治区凉城县公安局办案人员来到广州，跨省对谭秦东实施抓捕。4月13日，红星新闻网首次报道此事，受到大量网友关注。4月17日，内蒙古自治区人民检察院研究认为，目前该案件事实不清、证据不足，指令凉城县人民检察院将该案退回公安机关补充侦查并变更强制措施。同日，谭秦东取保候审。在当时拍摄的照片中，谭医生在拘留3个月后看起来精神状态较差，引发社会各界强烈关注。舆情在 4 月 17 日达到顶峰。

二、舆情趋势

在凉城县公安局对谭秦东实施跨省抓捕后，2018 年 1 月 18 日，鸿茅药酒官方商城发文称网民谭某在互联网上发帖公开损害鸿茅药酒声誉，造成严重不良影响，凉城县公安局已将发帖人谭某刑事拘留。部分媒体介入事件进行报道，如图 6-1 所示。

图 6-1　部分媒体对谭秦东被抓捕事件的报道

2018 年 3 月 23 日，凉城县人民检察院将凉城县公安局提交的起诉书案卷退回，要求补充证据。4 月 13 日，红星新闻在微信公众号率先发布《广州医生发帖称"鸿茅药酒是毒药"涉嫌损害商品声誉，被警方跨省抓捕》一文，使该事件曝光在公众视野中，热度值骤增。随后澎湃新闻等多家媒体在网站和微博上进行了转载，很快也被王志安、南方人物周刊、南方周末等微博大 V 转发，引发大量网友讨论。

2018 年 4 月 17 日，凉城县公安局、内蒙古检察、公安部刑侦局这些涉事官方部门对鸿茅药酒事件的回应推动了舆论的发展。这些部门通过官博所做的回应如图 6-2 所示。

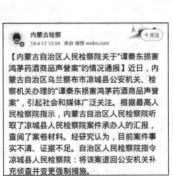

图 6-2　涉事部门官方回应

同日，谭秦东取保候审，事件热度值达到最高。

随后，《局面》第一时间对谭秦东进行了专访，谭秦东表示自己仍然会说真话，不后悔写这篇文章。

部分自媒体，如王志安、管鑫Sam、习五一等自媒体大V、律师对于整个事件的质疑引导了舆论的倾向，部分网友评论的截图如图6-3所示。网友们质疑凉城警方跨省抓捕这一行为的合理性，讽刺鸿茅药酒的功效，认为它的部分药材成分含有毒性；此外，网民关注被捕医生谭秦东的状况，支持谭医生维权；同时抨击鸿茅药酒的广告多次违法，受到处罚却屡禁不止，并呼吁监管部门加大对虚假广告的监管力度（见图6-4）。

图6-3　自媒体大V对谭秦东事件的评论

图6-4　媒体对鸿茅药酒存在的问题进行持续报道

同时，大量新闻网站对于事件进展进行了实时报道。新华社、《北京青年报》、法制网分别发布的《穿越大半个中国来抓你？新华社发文三问鸿茅药酒事件》《医生吐槽"鸿茅药酒"被跨省抓捕：文中没虚假事实》《鸿茅药酒事件引企业健康发展四问》成为传播的热门文章。此外，媒体报道涉及鸿茅药酒存在监管缺失问题，要求追责鸿茅药酒广告的相关审批部门，还涉及地方政府公权力使用不当问题。光明网认为该事件的要害在于地方政府公权力使用不当，以及地方性警权跨域行使所依据法律的模糊性。《南方都市报》发文认为鸿茅药酒事件俨然已成为本轮司法改革落地成效的一块试金石。

随后鸿茅药酒在 4 月 26 日发布企业自查报告，撤下广告宣传进行整改，同时谭秦东一方也一直在申请维权。直到 5 月 17 日，双方在微博上发布声明（见图 6-5），鸿茅药酒事件以双方致歉为结束。

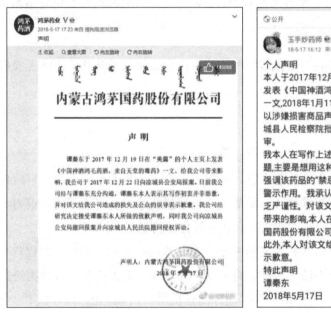

图 6-5　鸿茅药酒与谭秦东分别发布声明

三、事件总结

围绕该案件形成的舆情中，"跨省抓捕"一词十分显眼。其实，从法律层面来讲，"跨省抓捕"属于正常做法，具体到此案，值得讨论的并不是"跨省抓捕"的方式，而是执法机关启动抓捕的理由是否充分。在事件的性质、对社会的危害尚无清晰认定的情况下便采取刑事案件的处理方式，值得各方思考。此案如能在民事层面解决，就不应升级成刑事案件，这不仅是对当事人及涉事企业的保护，也是刑法谦抑原则的体现，从现实的角度来看，更是对法治的最好诠释。

从另一个角度来看，鸿茅药酒事件凸显企业危机管理意识的缺失。鸿茅药酒在这次危机公关和媒体应对上，没有选择第一时间主动沟通、澄清事实，运用法律手段维护企业合法权益，而是非法使用公权力，最终致使品牌美誉度消失殆尽。在互联网时代，舆情管理、危机公关和媒体应对，都是每家知名企业必学的一课。任何企业都要对公平正义有所敬畏，不能漠视任何一个决策带来的道德、法制和舆论的影响力，也不能忽视自媒体的"蝴蝶效应"和"发酵效应"。

让鸿茅药酒事件成为一个法治标本，相信法律会给出一个公平、公正的答案，也期待企业遵守法制社会的基本要求，用高质量的产品回馈消费者的信赖。

【习题与思考题】

1．企业在处置网络舆情事件的过程中，应该如何处理监测获得的舆情信息？

2．在这次网络舆情事件发展的过程中，企业方出现了哪些错误？它应该如何做？

【实践任务】

找到现在市场中主流的网络舆情监测软件并注册账号，了解其运作的主要机理及功能。

【背景资料】

大　数　据

大数据，IT（信息技术）行业术语，是指无法在一定时间范围内用常规软件工具进行捕捉、管理和处理的数据集合，是需要新处理模式才能具有更强的决策力、洞察发现力和流程优化能力的海量、增长率高和多样化的信息资产。

维克托·迈尔·舍恩伯格和肯尼斯·库克耶在他们编写的《大数据时代》一书中指出，大数据不走随机分析法（抽样调查）这样的捷径，而采用对所有数据进行分析处理的方法。大数据的5V特点由IBM（国际商业机器公司）提出，具体如下：volume（大量）、velocity（高速）、variety（多样）、value（价值密度低）、veracity（真实）。

第七章

网络舆情的研判机制

学习目标

掌握网络舆情预警的重要性及核心要素，掌握网络舆情研判的思路、重点内容与基本方法；能够对搜集、监测到的网络舆情信息进行判断，排除干扰，获取核心信息。

前面章节中已经讲述网络舆情的信息搜集和舆情监测问题，本章将在此基础上，重点讲解网络舆情的研判机制。

网络舆情研判就是对网络舆情的研究判断，即对网络媒体上的舆情信息进行定性与定量的价值判断，做舆情发展趋势分析。网络舆情研判既包括日常对网络舆情的持续搜集追踪，建立信息库，长期稳定地监测网络舆情，也包括针对某一突发事件引发的网络舆情进行特定、及时、阶段性的研判。

第一节　网络舆情的预警

"居安思危"作为亘古不变的道理，告诉我们在危机出现之前就要未雨绸缪，防患于未然。网络舆情更是没有规律、突发事件频发的管理领域，因此建立舆情预警系统就显得至关重要。预警系统首先分为三个部分：风险评估、媒体监控、问题报告。

一、风险评估

（一）公众风险

对于公众风险，舆情预警系统要实时监控用户发布信息的情感倾向、与他人的互动交流和对系统的反馈意见，监测用户是否发布对政府、高校等组织机构不利的舆论信息，体系是否做到了及时解决反映的问题，是否提前感知用户的心理变化。在舆情报告中对网民的言论进行分析便是对用户发布信息的监测。通过情感属性分析，就可以很准确地将公众的言论分成正面舆情、中性舆情以及负面舆情，从而掌握公众的心理变化，及时做出应对措施。

（二）媒体风险

对于媒体风险，网络预警系统要关注系统自身与媒体的合作关系是否正常，媒体是否发布影响政府、高校等组织机构形象建立的不利信息。下面以高校舆情组织体系为例来分析学校如何正确处理组织内外的媒体关系。

1. 校内的媒体关系

高校网络舆情应对体系的运作和发展离不开与媒体的合作。校内媒体的宣传报道与高校网络舆情应对体系的发展息息相关，是体系稳定发展的重要保障。

校内媒体既包括校党委、办公室、学生处、团委、招生就业处、后勤等各部门的媒体平台，也包括各学院的微博、微信等官方账号。只有各宣传平台互通消息、积极互动，保持统一口径，高校网络舆情应对体系才能蓬勃发展。

高校网络舆情应对体系与校内媒体应做到如下几点：及时交换、分享学校最新消息，在自己的平台对其他平台消息进行评论或转发，形成良好的互动；各平台遇到危机事件后，不得擅自处理，应与危机涉及的部门和网络舆情应对体系共同商讨处理决策，保持统一口径；互相宣传彼此的平台，培养友好的合作伙伴关系。

2. 校外的媒体关系

高校网络舆情应对体系的应用不能仅局限于学校内部，整个网络平台都是体系的应用范围，因此不可避免地要与校外媒体接触。

学校先进人物事迹的采访报道、学校获得的荣誉奖项、学校承办的各种学术研讨会或者对学校不利的新闻报道都会在校外媒体平台上展现。校外媒体与校内媒体不同，校外媒体不受学校的领导，有自己的运行规则和一整套系统。校外媒体的影响力巨大，一旦报道出对学校不利的新闻，如果没有强有力的证据或理由来证明事件的真伪，那么事件的影响在短时间内不会自行消退。因此，与校外媒体建立良好的合作关系是必不可少的一个环节。

在日常的体系运作中，应多与校外媒体进行互动交流，注意校外媒体对本校的新闻报道，及时进行转载或评论；多接触校外媒体负责人，了解当下与时俱进的新闻思想，充实自己的新闻内容，形成自己的报道风格。

（三）政府风险

对于政府风险，网络舆情预警系统要及时跟进相关政府部门是否会出台有争议的政策、法规等。2019 年，大连一名 13 岁男孩杀害 10 岁女童的案件引起了网民的极大愤怒，警方通报称该男孩未满 14 周岁，不需要承担刑事责任，因此仅被收容教养 3 年。网民对是否应该降低未成年人刑事责任的年龄展开了激烈的讨论，对于降低刑事责任年龄的呼声越来越高，要求相关部门修改相关法律政策。但是相关政府部门对于刑法、未成年人保护法不能仅凭个案而随意修改，朝令夕改会产生严重问题。对于普通民众的呼声，政府如果没有做出合适的应对，便会面临舆论风险。因此，在此次修改刑事责任年龄的舆论里，政府发布了未成年人保护法修订草案的征求意见，既广泛听取了民意，又维护了法律的尊严，避免政府陷入舆论危机。

二、媒体监控

媒体监控主要以网络监控为主要方式，监控的对象为当地核心媒体新闻平台，如官方媒体、当地资讯号大 V，以及全国性重点媒体。除此之外，还要维护组织内外已有的媒体记者圈子，加强与案件纠纷检测的机构、合作伙伴等的联系，以提前获得有价值的信息。舆情监测的范围包括各大搜索引擎、新闻网站、社交媒体平台、新闻 App、社区论坛等。舆情工作人员定时巡视舆情监测系统，设立舆情监测关键词检索，搜寻有密切关系的话题，发现正面口碑和负面口碑。如果监测到的信息有正面效果，有利于政府的形象建设，则可以分类、转发，与相关用户展开积极的互动。面对监测到的问题与危机，应采取即时监测管理，进行级别分类，并做出与之相对应的应急处理。

（一）级别 1：错误认知与非理性评价

应对预案：

（1）进行积极回评引导，避免误导；

（2）与当事人主动联系，沟通解决；

（3）进行网络消隐，控制言论散播。

（二）级别 2：信息不完整或部分失实

应对预案：

（1）迅速控制言论，撤稿或消隐；

（2）主动还原完整事实，进行有针对性的评论；

（3）调查了解失实原因，沟通解决。

（三）级别3：信息严重失实，属于恶意性攻击

应对预案：

（1）强化监控，迅速撤稿或制造新的话题，分散注意力；

（2）以事实为依据组织反攻；

（3）用大量正面信息平衡负面声量。

三、问题报告

（一）横向报告和纵向报告

以高校网络舆情组织体系为例（见图 7-1），发生危机事件时，有两种报告方式：横向报告和纵向报告。横向报告是指学生处、团委、网络中心以及公安处需要向宣传部门及时汇报舆情信息；纵向报告是指各院系舆情负责人向宣传部门汇报，再向上级党委部门汇报。

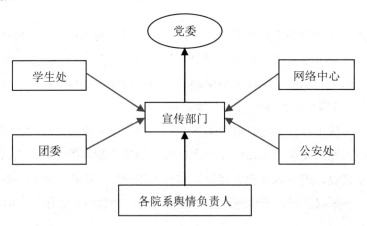

图 7-1　高校网络舆情组织体系

对于政府机构来说，横向系统报告是及时上报本地宣传部门、地方政府部门；纵向系统报告是要将潜在危机及时上报省市网信办。

（二）报告级别设置

问题报告根据问题的严重程度，设置三种不同的报告级别。

1．黄色级别

黄色级别实行月报制度。对网络上关于政府、高校的各种信息进行监控与管理，

并掌握信息的舆论导向。

2．橙色级别

橙色级别实行日报制度。对网络上出现在校学生、学生家长或媒体曝光学校管理或教学等方面存在且学校相关部门负责人能够在短时间内快速解决的小问题，实行日报制度。

3．红色级别

红色级别实行实时报告制度。对政府、高校网络舆情应对体系以及形象建设产生重大影响，被广泛传播，无法在短时间内处理解决的危机事件实行实时报告制度。

第二节 网络舆情的研判

网络舆情分析和研判的基础是网络舆情信息的搜集，这部分内容前面章节已经重点讲过，不再赘述。本节重点讲解网络舆情信息的辨伪存真以及核心信息的把握等内容。

一、网络舆情信息的辨伪存真

网络世界的信息数量庞大，信息来源复杂，真假难辨。如果不辨明真假，直接对收集来的大量信息进行研判分析，无疑会消耗舆情处理人员大量精力，也就大大降低了工作效率。那么在收集到大量信息之后，除要进行信息分类、价值初判，还需要运用科学的方法和有效的技术手段来对网络舆情信息进行真伪判断。

对收集来的大量网络舆情信息，可以根据三个基本原则进行判断。

（一）判断信源

信息来源是否可靠，一定程度上决定着其信息的真实程度。一般来说，网络舆情信息常以大量转发、转帖的形式爆发。网民会通过转发并伴随个人意见发表的形式对舆情事件表达强烈关注，从而形成大规模的讨论，这些讨论汇聚到各个网站或是社会化媒体中，就形成了网络舆情旋涡。那么，作为处理网络舆情信息的工作人员就需要第一时间追查大量舆情信息的转发来源，在网民一层一层的转发中抽丝剥茧，探索舆情事件的一些基本事实，摸索出舆情信息的脉络，了解舆情爆发的酝酿及传播过程。

信息来源无外乎各个网站、论坛、贴吧等社会化媒介或传统媒体在网络发声的媒介平台（如《人民日报》的微博）。在互联网世界里，人们可以发声的地方越来越多，网络使得每个人都能够相对自由地抒发己见。但是，不同的平台对于信息内容的审核标准及容忍度不同，对于信息的把关以及监管也有区别，同时，由于各个平台的立场、调性不同，也会影响其产生的舆情信息的真实性与重要性。

可信度较强的信源是一些权威传统媒体在互联网的转型媒体。它们凭借良好的媒介素养、专业的新闻水平、系统的调查流程，往往会更接近新闻事实，也能对舆情事件做出较为客观的评价，而且其立场与政府一致，在对舆情新闻事件进行报道时，往往代表了政府的声音。而转发这些媒体的观点的网民可以分成两部分：一部分持赞同态度，属于正向舆情；另一部分持反对态度，可算作负面舆情。当转发的信源是这些较为可靠的媒体时，我们在判断舆情信息真伪时就可以借助该媒体已呈现出来的事实及其观点，来判别该网民透露的舆情信息是否真实，这就需要舆情研判人员自身立场坚定。一般而言，转发这些可信性较强的媒体新闻的网民，其自身素质较高，如果该网民本身对新闻事件的观点属于正向舆情，自然没什么问题；如果该网民对事件的观点是负面的，那么发表的评论可能带有很强的情绪性，这种舆情往往比事实更具煽动力。但这种情绪性很强的观点，往往叙述事实少，甚至会有不实信息，这就需要网络舆情处理人员大量收集舆情事件的信息，对事件全貌有所掌握、了解，警惕那些情绪偏激的观点。

社会化媒体的情况相对复杂，除了一些官方性质或传统媒体性质的账号可信度尚可，其他个人或组织对于事件的评价大都存在一定程度的目的性、炒作性，这就使得舆情信息真伪判断变得困难，而网络舆情旋涡却正是在社会化媒体上愈演愈烈。以个性化、多元化为特点的社会化媒体产生的舆情信息，信源往往都是个人，这就需要通过对个人的了解来进行信息真伪的判断。

先以微博为例。大量网民会跟风意见领袖（在微博里表现为某领域的大 V）的态度和观点。在这里，一些意见领袖就是信源，他们中有些人发布的信息经过考证，会说明调查途径和信息真实来源，以提高自身观点的可信度；但另一些人却会模糊掉信息的真实来源，转而以一种更易于传播的讲故事的方法揭露自己掌握的关于舆情事件的隐秘信息，强化情绪地对事件发表看法。这就涉及该意见领袖自身的形象，需要舆情研判人员根据经验进行分析判别。而对于一些非意见领袖的用户，可以综合考量其过往发布内容的点赞数、用户粉丝数、微博评论数等。

再以贴吧为例。贴吧的内容可以由吧主进行删除或指定，一定程度上，吧主承担着把关人的角色，贴吧的信息要经过吧主审核后才会被放出。因此，贴吧里的舆情除广大吧友参与之外，吧主也起到了重要的作用。贴吧里收集的舆情信息其实可靠性较低。对于贴吧中的舆情信息，判断真伪时需要考虑该贴吧的调性，一些贴吧调性就是调侃，那么其中信息的真实性就会大打折扣，而一些贴吧的构成人员文化水平相对较高，其内容也较客观真实。这些都需要舆情信息研判人员根据经验来判断。

（二）逻辑判断

这是从舆情信息的内容本身而言的，也是判断信息真伪的基本原则，即从逻辑上分析信息是否具有合理性和可信性。

在网络舆情爆发之际，很多信息中出现的问题其实用逻辑推理的方法很容易做出判断。但是，一方面受制于阅读时间，一方面由于碎片化信息输入导致很多人不会去思考其合理性，就致使这些信息尽管存在问题却仍然被大肆传播。这时，只要冷静、客观地稍加思考，就能轻而易举地辨别真伪。

但是，在网络舆情事件中，网上传播的言论有一些是较为缜密的，利益相关者常常为了某些目的，无所不用其极地编造言论。我们以娱乐行业中的某些现象举例。如明星的某些八卦，这些信息的发布者往往会煞有介事地通过对该明星几天的行程、入驻的酒店、微博的动态等进行分析，配以几张图片，让大众相信其某些言论。但这种方法依旧可以找到破绽，只不过需要推敲一番。需要明白的是，任何不实的信息都必然存在逻辑纰漏，因此对于舆情研判人员而言，良好的逻辑分析能力就显得极其重要。

（三）技术分析

通过技术手段判断舆情信息真伪也是一种重要方式。比如一些图片经过 PS 处理，常常就会成为虚假舆情信息的源头。如果研判人员具有图片处理工作的经验，就可以辨别图片的真假，从而辨别信息的真伪。

另一种技术性分析方法是后台信息对比。如果在日常舆情监控中建立一套舆情分析系统，并不断收集舆情信息，就可以将一条舆情信息置于海量后台数据中进行比对以验证其真伪。这样对比分析的好处在于：对于图片信息，可以很快比对出是否在其他图片基础上进行过 PS 处理；对于文字信息，则可以很快比对出该舆情信息提供的一些对于舆情事件的看法和基本事实的讲述是否与已知真实信息相匹配。当然，这种方法的关键除技术难点，还需要舆情分析人员对舆情信息可信度的评判给出一定量化标准。但是大量的网络舆情信息中掺杂着复杂的感情，并不是冰冷的数据，很难完全量化。因此，这种对比分析的方法只能作为辅助手段。

除了这三种基础的辨伪方法，还有很多其他手段可以使用。比如，针对一些网络舆情事件，常有人拿出旧闻充当新闻，搅乱舆论场，混淆视听。这就需要舆情研判人员对舆情信息的时效性进行考察。多角度、多方面地针对不同舆情信息采取不同辨伪手段，才能做到火眼金睛，准确识别。

值得注意的是，随着国际化进程的深入，不少舆情事件还会引起海外舆论的关注，而一些国内舆情信息就是将海外散布的不实信息搬运进来。这就需要舆情研判人员提高警惕，要结合海内外的舆论生态对一些重点舆情进行处理。

舆情事件的一些基本事实，大多会在事件发生后被主流媒体争相报道，而一些未被报道的信息则需要舆情研判人员仔细甄别。通过对事件的深入分析，对自己所掌握的资源进行多方面信息收集、辨伪，才能对事件有基本的了解和认识，才能在海量舆情信息中准确把握舆情走向。

二、网络舆情核心信息的把握

近年来，随着移动互联网的飞速发展，越来越多的人选择在网络上发表自己的看法，而几乎所有的突发事件都会在网络上引发关注与热议。网络舆情的本质是舆情，是民声，是百姓情感的投射、观点的表达，更是整个社会状态的反映。网络舆情与现实生活中的诸多现象相关联，近年来网络中爆发的舆情事件都深深引发人们的情感共鸣，刺激人们的某种心理。网络舆情的爆发，一定程度上就是当今时代社会矛盾运动的结果。一般舆情事件的发生、发酵都是由经济发展、社会发展过程中种种矛盾刺激所激发的。因此，网络舆情信息的分析和研判是一件极其复杂的工作，不仅需要对舆情的内容有所掌握，把控舆情事件细节，对舆情信息扩散传播的形式（转帖、发帖等）进行研究分析，更需要对网络舆情信息的价值取向进行判断，对其发展趋势进行研判。要以坚定且客观的立场，准确把握舆情核心信息，而后才可以据此进行正确有效的舆情处置。

对于复杂的网络舆情信息，我们可采取以下几种做法精准地对其进行价值判断，准确把握其核心。

（一）穿透舆情本身，追踪事件源头

一般而言，在网络舆情爆发之际，铺天盖地的网络舆情信息会扰乱舆情研判人员的视线。如不去了解舆情背后的事件，研判人员面对海量信息时就会无所适从。

透过舆情信息看到事件本质至关重要。许多舆情事件在发展过程中并不稳定，随时可能出现反转，而网络舆情信息的走向既随着事件本身的发展而改变，也影响着事件的后续发展。那么，持续关注事件本身，努力抓取事件的真实信息对舆情研判来说就显得极其重要。例如，2019年上半年，由崔永元爆出的"最高法院案卷丢失"这一引发舆论震动的事件，使得网络舆情一度倒向一边，舆情抨击法院，严重损害了法院司法公信力。随后，经专案组权威调查证实，此事为最高法院法官王林清故意为之，崔永元轻信其言导致了这场舆论闹剧。这起舆论事件就出现了反转，而舆情处理人员是否能做到与政府机关保持信息的畅通，及时了解专案组调查的真相，对这件事的舆论控制有重要影响。只有及时掌握事件本身的最新且权威的调查动态，及时与有关部门进行信息同步，舆情处理人员才能不被网络的舆情带偏方向，对事件及舆情做出正

确价值判断与正确引导。

（二）洞悉网民情感，分析对网民心理的影响

舆情研判人员要洞悉网民的情感共鸣，分析舆情信息对于人们的心理影响，找到刺激和引发某种情绪的元点，唯此，才能够及时疏导网民情绪，引导舆情向积极的方向发展。

在舆情事件发生后，我们可以感受到，大多数网络舆情信息都带有一种情绪，且这种情绪伴随舆情事件的发酵不断强化，愈演愈烈。如不加以疏导，就很可能从网络的言论扩展到现实生活中，对现实生活产生影响，甚至在有些严重的舆情危机中，网民情绪被带动并延伸到现实中去，现实的公众情绪被煽动，影响到社会稳定，严重时甚至会危害社会治安。

例如，曾经轰动一时造成极大社会反响的"郭美美"事件。该事件在网络上引起了轩然大波，网民在其中不乏激愤情绪的表达，而相关部门更是被群起而攻之，而且这件事情在之后很长一段时间内反复发酵。我们从"郭美美"事件中可以看到，网友群情激愤的共鸣点就是官员腐败、官民矛盾、贫富差距这些社会问题。这些问题遇上"郭美美"事件，积压在公众心头的情绪突然找到了决堤口，于是就爆发了大规模的舆情危机。如能准确洞悉网友的这些情绪，就能找到舆情研判的方向，从而有目的、有方向地处理负面舆情。

对于网民集中爆发的情绪，只有找到群体情绪的根源，才能有效解决舆情危机。网民借助网络，往往可以更加放肆地宣泄在生活中压抑的情绪。在网络中，这些情绪被无限放大，反复传播。如何有效地切入这些极易点燃的情绪进行疏导，这是舆情研判人员需要思考的。

在一些舆情事件中，对于涉及政府机关的负面舆情，政府自嘲式、互动式的处理手段是有效的。比如，在 2011 年的"四川会理领导悬浮照"事件中，基于对网民情绪的把握，找到了舆情的核心，会理政府机关的处理方法就十分得体。下面就此事件做简短分析。

"四川会理领导悬浮照"事件源起于会理县政府在官网的一则新闻配图 PS 痕迹过重。在视察工作照上，三位领导悬浮在空中，这引发网友热议。

而会理县政府相关工作人员准确洞察到网民的调侃情绪，也认识到大家对于县政府工作疏漏的不满情绪，于是也巧妙地 PS 了一张照片发布在媒体上，不过这张图片却是带着号召大家到会理旅游的小心思。而会理政府与相关工作人员也开通了微博，第一时间进行道歉。有趣的是，事件的直接责任人孙某的微博个性标签赫然写着：本人近期闭门苦练 PS 技术，请广大网友监督。这种主动承担责任，巧妙利用网友调侃情绪

进行自嘲，及时回应，安抚网友不满情绪的行为，为会理带来了良好的声誉，甚至拉动了旅游经济增长。不得不说，该事件是这类舆情事件处理中的典范。

在这一事件中，会理政府正是洞察到舆情危机中网民的情绪共鸣点，针对网友的情绪做出适当的疏导与引导，成功化危机为宣传。由此我们不难看出，把握网络舆情中的公众情感核心，对于网络舆情研判与处置工作的意义重大。

（三）把握官方与民间舆论场的关系

把握权威官方与草根民间两大舆论场的关系至关重要。互联网的发展使得权威媒体不再是唯一的发声渠道，传统党报、党刊等党媒不再具有绝对强势的舆论话语权。在这几年发生的重大舆情中，网民借助社会化媒体将自身意愿聚集而成的强大舆论已经让官方媒体产生压力，随之而来的问题就是官方舆论场与民间舆论场的矛盾与调和。

在网络舆情爆发的过程中，官方舆论常以一种理性的方式自上而下地表达其观点，而民间舆论场则以情绪化、自由化等特性与之形成鲜明对比。在涉及政府的舆情中，民间舆论常常与官方舆论呈对峙状态，这对于舆情的研判、处置都极为不利。

在这两者的博弈中，随着政府思维的转变，近些年已经可以明显感到，以政府为主导的官方舆论正在俯下身去倾听民意，学会了用更加接地气、更加亲民的方式让网民理解和接受信息。但还是有很多地方政府面对某些尖锐问题持回避态度，与舆情"死磕到底"。其实站在舆情研判工作的角度来说，政府和官方舆论对于一些舆情的态度是研判的重点。只有感民所感，融入民情，才能真正把握网络舆情的核心，才能对网络舆情信息做出合理准确的价值判断。

舆情收集研判的目的并非压制、封堵、打压网民的声音，而是倾听、引导、回应网民，关注网民及社会公众的舆论关切，这才是舆情研判工作的核心要义。

三、准确排除网络舆情信息的干扰因素

网络生态的复杂性和匿名性造成了网络舆情的复杂性，也使网络舆情除了可以反映民情民意之外，不可避免地也混杂着虚假的言论。在利益的驱动下，网络舆情信息并非都可以客观地反映真实的民情，有一些极端的人心怀不轨发表恶意言论，刻意放大负面舆情，扭曲真实舆情。诸多因素都干扰着舆情的发展，同时也严重干扰着舆情研判与处置工作。这就要求舆情研判人员坚定立场、坚守原则，主动排除干扰。接下来将分析网络舆情研判工作中的干扰因素。

（一）是否为人为策划

首先，要辨别网络舆情事件是否是人为策划。一些人会出于某些目的，策划舆情事件，利用网络生态放大舆情，通过各种手段干扰视听、左右舆论，让舆情向着自己

的预期方向发展。如果这类舆情在发展初期就被识破，那么在事态的后续发展中，舆情研判与处置工作就会占据主动位置。

如 2019 年 3 月发生的"成都七中实验学校食堂"事件。该舆情的爆发始于一段疑似学生家长发布的视频，其画面中令人作呕的发霉食物引发网民强烈谴责，一度引发家长集体性的维权行为。但事后经权威机构查证，视频均为摆拍，只是一出为了吸引社会关注而精心策划的闹剧。在这一事件中，如果在舆情发生之始就察觉到蛛丝马迹，立即对事件进行实际调查，及早公布真相，或许就会减轻舆情危机，也不至于对学校声誉造成持续的影响。

这种哗众取宠的舆情策划手法看似简单可笑，可当网民情绪被煽动，舆情爆发时，很多人就会被牵着鼻子走。也正是利用了网民的情绪，这些虚假的事件才会引发大规模舆情危机，干扰舆情研判工作。因此，仔细甄别舆情事件的细节，识别其是否被精心策划，是舆情研判工作中排除干扰的关键点。

针对人为策划的舆情事件，如何有效甄别？这需要舆情研判人员具有丰富的公关策划经验和网络传播经验，以准确洞察这类事件的蛛丝马迹。当然，在日常舆情监测中不放过细节，通过技术手段，用算法系统对比人为策划的舆情事件的发展模型，基于对已知的人为策划舆情事件的传播发展模式的量化，用数据分析识别，也是舆情研判人员需要掌握的方法。

（二）意见领袖的观点

意见领袖的观点有时也会干扰网络舆情研判工作。随着自媒体的发展壮大，其覆盖率与影响力造就了分属各个行业领域的一大批意见领袖，他们凭借在网络中持续活跃的表现吸引大量粉丝，拥有强大的舆论引导力。这些意见领袖常常掌控网络舆情的风向，占据网络舆情的核心，其一言一行都对网络舆情研判工作产生影响。

意见领袖虽然拥有强大影响力，但始终不是权威机构。他们作为个体，其言论难免带有强烈的个人色彩，甚至一些意见领袖的言论颇为情绪化，这都会影响公众对真相的理解，使得网民对舆情事件的认知发生偏差，由此将整个网络舆论的走向带偏。

如在 2019 年 5 月发生的"江西上饶校园暴力"事件中，某大 V 造谣"被刺死的男孩长期欺凌并涉嫌性骚扰女孩"，经过微博的传播发酵，大量网民广泛关注，一时带偏舆论。这一乱象被网警点名批评。

此外，还有诸多网络舆情事件，由于知名意见领袖的错误引导而产生大大小小的舆情乱象。

意见领袖发表个人言论本无可厚非，但是在舆情研判工作中，却不能对意见领袖的言论做出过于权威化的理解。很多意见领袖的媒介素养、知识水平（包括其相关领域和其不熟悉的领域）并不高，而有一些甚至动机不纯、目的不正。这就给本就复杂的网络舆情生态更添纷乱，影响网络舆情的良性互动，也影响舆情研判分析工作的进行。

作为舆情研判人员，需要对这些意见领袖的言论持辩证客观的态度，不偏听、不偏信意见领袖的言论，多角度、多渠道地了解舆情事件的真实信息，深入事件本身，是排除此类干扰的基础。

（三）"网络水军"的影响

"网络水军"对于舆情研判工作也会产生极大干扰。

"网络水军"通常会有组织地、以盈利为目的对舆情事件进行放大，他们通过对权威新闻网站发布的信息进行二次加工、二次传播，并发布在第三方平台，快速广泛地入侵网络传播空间。凭借戏剧化、故事化的渲染，经由"水军"加工的信息可以迅速覆盖社会化媒体，放大舆情事件的影响。

"网络水军"尤其会夸大其词，将一些舆情问题哄抬至较高的层级，把单一事件普遍化，将简单事件复杂化，令局部问题全面化。他们善于利用网民信息获取的不对等情况与对已知事实的怀疑心理进行大范围恶意炒作，用真假参半的信息带动网络舆情走入自己所预期的"泥沼"。

"网络水军"常常激化网民情绪，刺激矛盾，加剧公众的感性情绪，使之上升到非理性的层面，尤其对于涉及政府、司法、贫富差距等社会痼疾的敏感问题，别有用心的"水军"就会推动民间舆论与官方舆论的对峙，不断刺激网民心理的敏感点，达到其不可告人的目的。

面对这些隐匿在网络世界的"水军"，舆情研判人员必须树立正确的三观，坚定自己的原则和立场，在此基础之上才能谈及应对方法。

1. 明确"水军"目的

随着网络公关和网络传播公司等的兴起，一些"水军"常常受利益驱使，为"客户"提供品牌维护、竞品攻击等服务；而另有一些"水军"会受某些势力指使，对于社会敏感问题进行舆情干扰、舆论控制。因此，首先明确其目的，而后分析其在网络舆情中的话术，这样可以判断出哪些是"水军"，从而进行有效处理。

2. 技术分析

通过IP[①]和ID[②]综合分析，"水军"在网络舆论场中常以多个ID身份出现，造成人数众多的假象。根据我国电信运营商的规定，不论网民拥有多少平台ID，介入互联网时都只有一个固定IP地址。因此，通过对ID和IP的交叉分析，一定程度上可以推断

[①] IP指IP地址，全称 internet protocol address，网际协议地址，是给连接到互联网上的设备分配的网络层地址。

[②] ID指身份识别码，英文为 identification，是可以识别用户身份的数字或字符串。

出"网络水军"的身份、规模甚至地址。

3．准确识别"水军"

"水军"散布的网络舆情信息常常极具煽动性，情绪化用词明显，经常是极端的言论，而且如果该账号发布言论负面占比过大或某一时间段集中出现负面言论，而其他时间段没有任何信息发布，则基本可以断定该账号为"水军"。

辨别出"水军"之后，可以直接通过技术手段对其进行封禁，毕竟针对这类有害网络舆情生态环境的行为，我们是严重谴责、严厉制止的。准确识别"水军"，过滤、清理垃圾言论是舆情研判工作必不可少的一个步骤。

上述三大类干扰因素的排除工作，都需要将技术与人工相结合，以人为本，技术为辅。在舆情研判工作中，首先研判人员自身要立场坚定、坚守原则，在此基础上才能确保对网络舆情信息的价值判断是正确的，才能在错综复杂的网络生态中把握舆情的核心，引导网络舆情不断向着积极健康的方向发展。

案例讨论：天津塘沽开发区爆炸事件

一、事件回顾

2015 年 8 月 12 日 23 时 34 分，位于天津滨海新区塘沽开发区的天津东疆保税港区瑞海国际物流有限公司所属危险品仓库发生爆炸，在第二天白天引起人们的强烈关注。截至 8 月 27 日 18 时，事故导致 139 人遇难，34 人失联，600 余人住院治疗，导致轻轨车站、港口设施、储存货物、周边住宅等严重受损，据媒体估算经济损失达上百亿元。截至 8 月 27 日，与该事件相关的网络信息共 65 万条，事件得到迅速扩散，各大媒体也争相出了专题报道和滚动新闻，其中微博是主要的传播途径。随着事故逐渐进入后续处理阶段，舆情热度逐渐下降。

二、舆情趋势

事故发生后，事发地附近的众多网民发微博披露此事。现存最早的微博是 8 月 12 日 23 点 29 分由 Ada 豆豆豆发布的，其中，网民愚大象于 12 日 23 时 59 分发布的微博引了舆论广泛关注，网民发布的微博引起了媒体强烈关注，《天津日报》《新京报》等官方微博随后跟进报道该爆炸事故（见图 7-2）。因事发时间为晚上，事故传播过程中，新媒体响应迅速，影响力较大，传统媒体报道相对滞后。

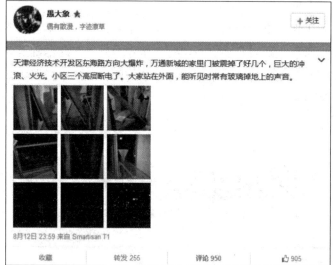

图 7-2　网友与媒体对事件的关注

《人民日报》、央视新闻、人民网、澎湃新闻等主流媒体，成为此事故信息的主要汇集窗口，主流媒体的介入报道使得灾情信息透明度大幅提升。事故现场因仍有二次爆炸的危险而被封闭戒严。人民网、央视新闻、财新网等多家媒体甚至运用无人机航拍爆炸现场，传递回真实而直观的视频、图像资料，强化舆论话语权。

涉及天津爆炸事故的媒体报道、微博及微信内容集中在以下四个方面：一是爆炸事故现场实况直播；二是事故救援进展；三是事故伤亡情况报道；四是事故发生原因猜测。

8月13日7时，新浪新闻刊发独家报道《天津爆炸惊魂夜：涉事企业曾称爆炸不会显著影响周边》，不少媒体微博转发该新闻内容，质疑企业安全措施不到位（见图7-3）。

在事发后，围绕这起灾难事件的报道，天津几大媒体均处于"失声"状态，作为天津主流媒体的天津卫视仍在播放韩剧，引起网民不满。凤凰网评论针对这种奇怪的现象发表了评论（见图7-4）。

独家-天津爆炸惊魂夜:涉事企业曾称爆炸不会
显著影响周边 @新浪新闻 （分享自 @新浪新
闻）🔗独家-天津爆炸惊魂夜:涉事企业曾称爆
炸不会显...

图 7-3 新浪新闻发表评论文章

凤凰网评论 　　　　　　　＋关注
15-8-13 11:08 来自 微博 weibo.com

#天津发生爆炸# 【天津，依然没有新闻？】
外地媒体紧锣密鼓，高度关切，滚动播报，
而天津本地媒体却奇迹般地集体失声，甚至
还在按照以往的安闲节奏，四平八稳地踱着
方步，实在令人惊叹。🔗天津，依然没有新
闻？

图 7-4 凤凰网评论针对天津本地媒体的表现发表评论文章

此外，还有不少谣言在微博传播，如男孩齐家乐、乙醇罐爆炸、急需 RH 阴性 A
型血、小区全灭、前两队救援全灭等不实消息。有不少好心网民总结这些谣言，并提
醒其他网民不传谣。多家媒体发布微博提醒网民不要凭猜测发布消息，《天津日报》
微信公众号发布消息就谣言辟谣，人民网专门针对这次爆炸事件发表辟谣博文（见
图 7-5）。此外，网信办查处多个涉及天津爆炸的造谣账号。

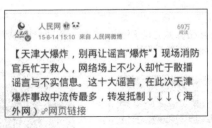

人民网 　　　　　　　　　69万
15-8-14 15:10 来自 人民网微博 　　　阅读

【天津大爆炸，别再让谣言"爆炸"】现场消防
官兵忙于救人，网络场上不少人却忙于散播
谣言与不实信息。这十大谣言，在此次天津
爆炸事故中流传最多，转发抵制↓↓↓（海
外网）🔗网页链接

图 7-5 人民网发表辟谣博文

8 月 13 日 6 时，习近平总书记对天津滨海新区危险品仓库爆炸事故做出重要指示，
同时公安部原部长郭声琨、安监总局原局长杨栋梁赴津指挥救援。11 时，在滨海新区

美华大酒店召开爆炸事故首场新闻发布会。

8月14日，"天津火灾爆炸事故"被《人民日报》《光明日报》《中国青年报》《解放日报》等主流媒体以头版头条形式予以突出报道（见图7-6）。与此同时，天津媒体也开始做充分的准备，集中力量展开全方位的报道。

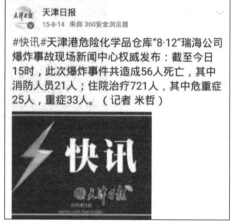

图7-6　主流媒体对事件进行报道

8月15日10时，第四场新闻发布会召开，发布会否认涉事企业负责人背景深厚的传言。

8月16日，最高人民检察院消息称已派员介入天津爆炸事故调查，将组织天津市检察机关，立足于检察职能，依法严查事故所涉渎职等职务犯罪（见图7-7）。

8月27日，最高人民检察院发布微博对此事相关责任人立案侦查（见图7-8），多家媒体进行转发评论。

图7-7　8月16日最高人民检察院博文　　　图7-8　8月27日最高人民检察院博文

随着天津爆炸的相关事件得到妥善处理后，舆论逐渐平息，重大人员伤亡和财产损失让人不忍直视。灾难已经发生，痛定思痛，面对血淋淋的教训，舆论开始反思。

三、事件总结

此次事故暴露出我国危险化学品安全管理存在漏洞。自 8 月 19 日起，救援部队联合指挥部救援人员进入核心区，对现场的集装箱、危险化学品进行标识、清理处置。由于涉事企业天津瑞海国际物流公司储存的危化品账本不清，导致精确鉴定危化品种类也变得十分困难，涉事企业严重违反我国《危险化学品安全管理条例》中危险化学品的生产储存等相关规定。

作为危险化学品的所有者，企业在事发后无法立即准确说清储存的危化品数量、种类，而作为安全管理的主体，直到爆炸后的第八天，天津市政府才首次明确现场危化品的总量，但依然没有详单。这说明，我们对重大危险源的监控执行程度还不够重视。

此外，在天津涉事企业、媒体对爆炸事件的相关信息公布不及时的情况下，以《人民日报》、《新京报》、澎湃新闻等为代表的主流媒体及时披露真实信息，掌握舆论话语权的同时减少谣言的产生，获得一致好评，充分展现了新媒体在信息公开方面的正面作用。

【习题与思考题】

1. 在突发公共事件爆发之后，官方媒体应该如何介入事件的报道？
2. 在突发公共事件爆发之后，自媒体在舆情信息披露的过程中应该扮演什么角色？

【实践任务】

在这次舆情事件中，有哪些天津本地自媒体表现出了比较好的时效性？对事件信息的披露起到了什么作用？

【背景资料】

自 媒 体

自媒体是指普通大众通过网络等途径向外发布他们本身的事实和新闻的传播方式。"自媒体"英文为 We Media，是普通大众经由数字科技与全球知识体系相连之后，一种提供并分享与他们本身相关的事实和新闻的途径；是私人化、平民化、普泛化、自主化的传播者，以现代化、电子化的手段，向不特定的大多数或者特定的单个人传递规范性及非规范性信息的新媒体的总称。

第八章

网络舆情应对机制

学习目标

　　掌握网络舆情应对团队建设的方法，能够结合组织机构特点组建应对团队；能够构建舆情应对组织体系，对组织机构内外信息渠道具备一定的掌控能力，并构建起科学的舆情信息沟通体系、舆情应急体系、舆情道德体系；能够对舆情效果进行科学的评估并及时反馈。

　　随着网络舆情事件频频爆发，各地政府、企事业单位甚至个体已经开始重视网络舆情的监控与引导工作。就目前舆情工作来看，仍有一大部分组织机构、个人在舆情管理方面有诸多问题亟待解决，需要在舆情管理方面进一步完善并建立系统的应对体系。本章就这些问题进行分析，并提出相应的解决策略。

第一节　舆情应对团队建设

一、完善舆情团队建设

　　建立一支高效率的网络舆情精英管理团队，有利于对网络舆情进行实时监控和负面舆论的积极引导。一个专业、健全的舆情团队应该确立舆情工作领导小组对网络舆情工作的核心领导地位，明确宣传部门为主要责权部门，精通网络与新媒体的运营模式和舆情特质，了解网络舆论生态以及网民心理。在这个团队中，既要有本部门的人员，也要适当吸收组织外的舆情专家。

网络舆情管理包含最初舆情信息的监控、对舆情信息的研判、对不利言论的引导以及信息公布等多个方面，管理工作应该针对这些内容系统进行。有效的网络舆情监控能够及时把握网络舆情的发展和走向，在舆情危机的萌发阶段进行有效的舆情控制和引导，可有效防止舆情危机扩大，以避免对政府、高校等组织机构造成伤害。在舆情管理的整个过程中，对舆情的成因、发展方向等方面的正确把控有助于及时地发现负面舆论并进行引导，将舆情危机扼杀在萌芽阶段。这在整个舆情管理的过程中具有重要意义。在舆情监控方面，要注意区分日常常规监控和重大突发事件的监控。日常常规监控包括定期定点的信息监控，以星期、月、季度为周期对论坛、微博、微信、头条等网络平台的信息进行收集，形成定期的舆情报告，并给出具体的应对意见，提交给相关管理部门。另外，重点对社会敏感话题、社会公共事件、意识形态错误以及重大政治倾向偏差的舆情进行实时关注，对突发舆情的详细情况做到事先了解，对获知信息进行深入剖析，以便及时有效地对舆情的态势进行引导和转化。

二、加强网络舆情硬件的投入

网络信息渠道的多样性、信息的复杂性、内容的多元化使舆情管理者承载了较大的工作量，而网民群体网络使用率高、知识面广、思想活跃更进一步加大了舆情管理者的工作难度。因此，巨大的监控管理工作量仅仅依靠人工是无法保证效率的。尤其在舆情监控方面，1～3天的监测和反应速度对于瞬息万变的网络环境来说毫无效率可言。另外，对于纷繁复杂的网络环境来说，人工检测速度慢还容易遗漏重点信息，无法高效地完成信息监测和过滤。因此，需要加强网络舆情硬件、软件的投入使用。

从传播学的角度来看，媒介即讯息，指的是媒介本身才是真正有意义的讯息，这就是说，媒介传播的内容不是最重要的，最重要的是媒介给我们造成的影响，可以带动新世界的发展。随着各类企事业单位网络信息过滤软件的开发和运用，舆情管理者可以充分利用这一技能进行信息的有效筛选，进而减少不利于社会和谐的言论蔓延的可能性，保证网民充分接触积极信息，形成正确的世界观。另外，通过应用信息智能处理技术快速过滤无效言论，针对核心消息进行简单分析研究并做出简单的预判，形成相应的应对措施，可以更大限度地提高网络舆情的监管效率。

三、加大舆情管理人员的培训

社会发展日新月异，网络与人们的联系越来越紧密，网络信息的传播途径、传播方式、传播量的不断变化，使网络舆情的管理需要面对新的挑战。另外，多元化的价值观念冲击、复杂的社会趋势变化，使得网络舆情管理工作者、网民都面临严峻的挑战。因此，舆情管理人员不仅要了解网络发展的前景，掌握现代网络技术发展趋势，还要明晰舆论场中的舆情走向，关注近年社会发展趋势及其对网民的影响。因此，应该对舆情管理者进行培训，让其了解社会发展趋势和主流意识形态的变化，紧跟时代潮流，同时，对新时期网民的互联网使用心理、使用行为等方面要进行重点培训，转变传统的管理和教育理念，在充分保证网民主体的前提下有效引导，形成有利于社会的和谐、稳定、健康的舆情环境。

第二节　舆情应对组织体系建设

由于网络舆情主要涉及网民关注的社会热点、切身利益、公众情绪等相关内容，因此需要充分把握网络舆情的发展规律，对网民思想动态、价值观等方面有较为深入的了解。而且，中国网民数量庞大，人群密集度高，因此，建立网络舆情管理组织体系是一项十分必要的工作。

由于各类组织机构的特点不同，这就需要因地制宜地建立适合本组织机构特点的舆情应对组织体系。总的来看，要建立的是"纵横交错、逐级管理"的体系，即根据机构内部层级关系，形成纵向分层管理系统，构建一支由党委牵头，宣传部门主要负责，各部门积极配合行动的逐级管理体系。横向系统则需要宣传部门与各个业务部门、职能部门等多个环节加强沟通合作，在重要科室、部门等设置相关舆情负责人，配合宣传部门相关网络舆情工作的指导，使舆情正常有序地发展。组织管理分为组织内管理和组织外管理，下面结合高校的特点，对舆情应对体系的组织管理进行阐述。

一、组织内管理

一个体系想要良好地运营和发展，组织内管理是其最基本的保障。组织内管理是对体系内部结构、环节、运作流程，包括操作人员在内的整体、系统的管理。体系不论出现任何问题，首先应该从自身的组织内部寻找原因，然后再考虑外在客观因素。

高校网络舆情应对体系虽然是针对网络舆情内容、导向等进行的一系列宣传、推广、监测、危机处理等，以网络为平台而建设的体系，但组织管理同样必不可少。由于高校网络舆情应对体系建立的时间不长，还没有得到高校自上而下的普遍重视，体系资金有限，负责运营的专职技术人员、管理人员较少，使得高校网络舆情应对体系的组织内管理不够完善。在日常的维护和监测方面勉强可以支撑，但一旦出现突发紧急事件，由于体系缺乏完善的组织内管理，负责管理的人员就会一时手足无措，体系的内部系统程序也无法立即更新、修改，这会对体系造成巨大的伤害。

因此，完善、良好的组织内管理是体系正常运行的基础。组织内管理应以党委宣传部为中心，形成一个舆情组织管理系统。党委宣传部上对学校领导层和地方政府负责，下又领导学校各院系部门的思想宣传工作。在常规管理外，党委宣传部应成立网络舆情协商领导小组，以及时处理紧急事件，正面引导网络舆情的发展，维护学校的良好形象。高校舆情的组织内管理如图 8-1 所示。

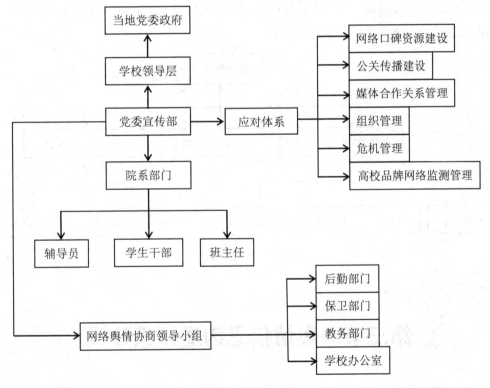

图 8-1　组织内管理

二、组织外管理

当体系做好组织内管理后，组织外管理就开始发挥作用。组织外管理，是指对使用该体系的用户，与体系相关的各方面人、事、物等因素进行管理。

高校网络舆情应对体系的主体人群主要是学校的学生，其次是教师、学生家长和毕业生等密切关注学校动态的人或媒体。做好组织外管理，首先要厘清组织外包括哪些人群和媒体，其次要对他们进行考察并加以分析，总结出每个人群的特点；最后依据每组人群的不同特点制定有针对性的管理策略，以达到组织外管理的作用。

组织外管理不要仅仅把眼光局限于校园内，校园外的人和媒体只要对高校网络舆情有所关注，都应该是组织外管理对象。往往一些令管理者手足无措的突发事件都与组织外管理的缺失有着密切的联系。由于对组织外人员和媒体的监测管理力度不够，没能及时了解到个别人的心理起伏或对学校的不满情绪，一旦其情绪失控，发表了不利于学校的言论，高校网络舆情应对体系就会处于被动状态。如果体系有完整的危机预警和处理系统，则此时突发事件带来的影响可以快速消除；而如果体系没有完善的组织外管理，那么学校将面对巨大的舆论压力，想在短时间内消除则是一个浩大的工程。因此，组织外管理与组织内管理同等重要，我们要加强对组织内外管理的重视。高校舆情的组织外管理如图8-2所示。

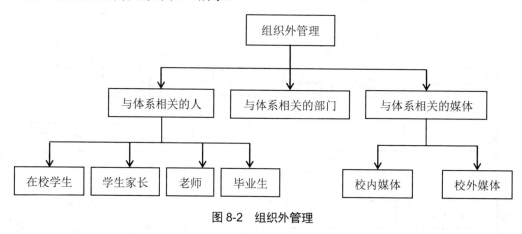

图 8-2　组织外管理

第三节　舆情信息沟通体系建设

官方需要采取正确的引导机制，与相关媒体、利益团体建立正确的沟通机制，确保一个声音、一个口径，以此来引导舆论风向，发挥主流媒体的作用，传播舆论正能量。

一、新闻发言人制度

在网络中官方媒体的发布体系十分重要。官方媒体代表了政府形象，在信息发送过程中需要经过层层的把控和筛选。在日常的运营机制中，提高官方媒体的权威性和活跃度，建立官方媒体的品牌形象至关重要。在舆情危机应对过程中，官方媒体更应该谨言慎行，在合适的时机利用官媒的权威性和影响力证明网络言论的真伪，及时化解舆情危机。另外，官方媒体作为政府的权威武器，需要对官方运营的账号密码、注册邮箱进行严格管理，防止他人滥用。因此，设立专门的新闻发言人对外发布官方信息十分必要。以下为设置新闻发言人的具体要求。

（一）唯一渠道

明确规定新闻发言人是部门授权对外发布信息的唯一渠道。将新闻发言人设置为发布官方信息的唯一渠道的目的也是防止口径不一，保证信息发布的内容一致，以利于政府威信的建立。

（二）了解动态，统一口径

新闻发言人要预先整理出核心事件的发展动态，再根据舆情监测的报告，确定正确引导公众舆论的宣传口径。

（三）新闻发言人的人选

由官方确定新闻发言人，通常为1～2人，以1人为主，定期或不定期地约见记者，发表相关立场、观点，并回答问题。通常情况下新闻发言人是兼职。

（四）新闻发言人的培训

应对新闻发言人和媒体有可能采访到的关键人物进行媒体应对和危机管理培训，以便他能以更加专业谨慎的态度对待舆情事件，从而能更好地应对记者和媒体的采访，也能更好地对公众负责，树立官方的良好形象。

二、利益团体管理

（一）政府及管理部门

消费者协会、当地政府及行业协会等应建立零时差汇报制度，对当地事件和相关信息及时汇报，第一时间与有关部门做针对性研究，给出处理建议。同时，建立媒体沉默制度，针对事件的相关采访等，不得擅自对媒体发表看法，如媒体有采访要求，请媒体以文字方式提供采访提纲，并第一时间上报到宣传、网信部门。基本的网络舆情处理流程如图8-3所示。

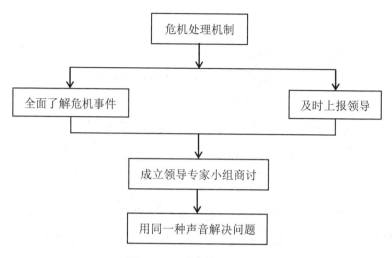

图 8-3　网络舆情处理流程

（二）普通公众

1. 建立舆情举报机制

有序推动广大网民提供舆情信息。一是经过创设警民论坛、举报信箱、公布举报电话和通信地址等多种形式，简化网民提供信息的流程；二是健全激励机制，对重大线索或信息提供者给予相应的精神或物质奖励；三是注意宣传教育，让群众了解他们所需提供的线索或信息，为保障国家安全和维护社会稳定，保护个人和集体的生命财产安全和改进公务机关办事效率与方法等方面具有十分重要的意义。各级网信办设置了举报中心，如图 8-4 所示就是中央网信办违法和不良信息举报中心端口。

图 8-4　中央网信办违法和不良信息举报中心端口

2．信息公开

对于公众关注程度较高的社会重大事件，若不能保证信息的公开透明，压制其他不实言论，则会引起公众质疑，扩大网民的消极情绪。这种消极情绪蔓延极快，处理不及时后果会很严重。因此，应建立透明有效的信息发布制度，避免消息延迟和落后，确定"及时、公开"的基调，做到不封堵、公开透明地挖掘真相，最大限度地还原事实本来的面目。及时消解谣言，可以有效地减少盲目质疑的声音，可通过新闻发布会、记者招待会、官方媒体发文等方式，进一步为网民解疑释惑，顺应网民的知情权诉求，以赢得他们的理解和支持。面对社会转型期的种种问题，政府应以此为契机，完善危机传播制度，增强与媒体和受众的互动互信，营造多元共治、科学理性的社会氛围，在多元舆论生态下创新社会管理，引导网民理性发声。

政府公信力是政府依赖于社会成员对具有普遍性的行为规范和网络的认可而赋予的信任，并由此形成的社会秩序，是社会稳定的重要基础。只有强化政府公信力，尊重民意诉求，行政透明公开，公民才能有效监督政府工作。提高政府公信力途径包括：一，避免公文化和仪式化，既要发布官方权威信息，又要及时反映和回应公民诉求。立足于新媒体时代，运用新技术搜集舆情信息，做出预判分析，及时掌握舆情动态，提高针对性和主动权。二是适应个性化、亲民化的特点，改进宣传方式，提高渗透性的同时增强影响力。三是构建服务型政府，完善信息公开条例，维护信任感；完善内部监督，加速建立危机的应对机制；加强行政人员的廉洁教育和综合素养水平以提高其执政能力，让人民满意。

3．媒体队伍管理

媒体队伍的管理对象包括核心媒体、垂直领域自媒体以及地方资讯类自媒体。相关部门首先要建立不断更新的媒体库，个性化定制核心媒体并进行人性化管理，以个人为单位对媒体进行情感关怀。之后要与媒体建立长期的危机及时通报模式，同时让媒体在未获得官方评论前不随便报道负面消息。

除此之外，要发挥意见领袖的作用。意见领袖即舆论领袖，在舆情传播过程中，他们是消息的重要来源，他们频繁接触媒体，比一般人更留心媒体信息，对有关事情有更多的了解。在政府网络舆情的管理中，一支稳健的意见领袖团队能够为政府舆情有序发展起到积极作用。目前，在长期的网络活动中已经自发地涌现出一批意见领袖，他们具有一定的声誉，积累了一大批活跃的粉丝，在网络中具备一定的影响力。对于已经形成的意见领袖，政府应该给予重视并善于发掘利用，同时在后续工作中注重加强对未来意见领袖的培育，形成稳定可控的影响力，对网络舆情危机的引导做好准备。

三、官方媒体的发布体系

在网络中，官方媒体代表了官方组织机构、个人的形象，在其信息发送过程中需要经过层层的把控和筛选。

对于组织机构来说，可以将官方媒体分为以下两类。

（一）传统媒体

传统媒体包括主流新闻网站以及其开设的官方自媒体等。这类媒体发布的信息较为权威，能够为官方消息进行背书。在整个网络舆情信息发布过程中，这类官方媒体发布的信息具有较高的可信度，能够迅速获得网民的信任，对于舆情的发展具有"压舱石"的作用。

（二）官方自媒体

官方自媒体指的是官方自建的各类自媒体，如官方微博、官方微信公众号、官方头条号、官方抖音号等。

这类自媒体在新媒体平台上能够代表官方发出声音，且官方发布的内容往往是第一手信息。平时需要注意官方自媒体的强化运营，获得网民的关注和信任。只有这样，才能在应对网络舆情的过程中迅速传递出官方声音，发挥出非常重要的作用。

第四节　舆情应急体系建设

舆情应急体系建设，首先需要日常预警体系的保障。这部分内容已经在前面章节中进行过较为详细的阐述，这里不再赘述。

应急反应机制一直是网络舆情危机处理中亟待解决的难题。近年来，各类网络舆情危机层出不穷，而舆情事件涉及的主体反应速度有待提高。问卷调查数据显示，舆论从监控信息到把关人响应处理结果大多数机构需要1～3天。目前网络环境中一条信息能够瞬间达到几万人转发的例子比比皆是，传播速度十分迅捷。一旦出现舆情危机，缓慢的反应速度将会使矛盾激化，进而为组织机构带来严重的不良影响。

巩固网络舆情的应急体系，首先需要促进线上与线下一起联动运作。在舆情危机被发现时，要及时跟踪和分析，同时联动线下系统，在线下找到舆情的现实来源，及时进行解决，减少负面言论的进一步扩散。另外，在网络舆情组织体系的基础上建立舆情危机处理绿色通道，对预警等级较高的舆情危机做出快速反应，缩短舆情管理的反应时间，第一时间对舆情详细情况进行深入调查，及时建立有效的舆情应对机制。

一、危机处理机制

危机处理机制要求对于危机信息以及负面新闻需在第一时间进行汇报，并临时加派人员进行 24 小时跟踪监测，及时成立领导小组进行商讨。首先，应对体系的负责人首先要对危机信息或负面新闻的来龙去脉做好全面了解，并安排人员进行 24 小时不间断网络监控；其次，及时向领导汇报真实情况，通知相关部门开会讨论处理办法；最后，应以最快的速度对事件做出有力的回应，提出明确的解决方案。危机处理机制的具体运作方式如图 8-5 所示。

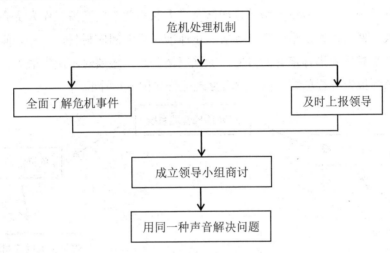

图 8-5　危机处理机制的运作方式

二、危机管理流程

危机出现多是突发状况，为了更好地应对和处理危机，规范的危机管理流程必不可少。

危机管理流程可分为五大部分。

第一，预防。首先，需要预测潜在危机，拟定防范措施；其次，要在网络上进行即时监控，积极与媒体交流沟通。

第二，危机出现。当危机出现后，首先，判断危害级别，看是否会对学校等组织机构造成重大后果和影响；其次，开展实时监控，准确掌握危机的发展态势和舆情导向。

第三，迅速反应。首先，做到全面了解情况，及时向上级汇报；其次，成立危机小组，共同探讨应对危机的策略。

第四，采取行动。首先，需要主动出击，多方沟通，化被动为主动；其次，以正面信息抑制负面信息；最后，做好媒体工作，杜绝新的关键点出现，与媒体形成良好的合作关系。

第五，处理善后。首先，评估总结，对此次危机事件进行详细的分析；其次，吸取经验、整顿改进，每次危机事件的出现都能让我们认识到舆情应急体系的不足之处，都会对体系的整体提升做出贡献；最后，采用新的宣传推广方案，重新树立组织在网民心目中的形象。

三、危机处理流程

当危机事件发生后，要第一时间书写舆情报告，对舆情事件进行汇报。而后，启动危机管理系统，召开网络舆情管理团队负责人和相关部门舆情工作人员会议，确定新闻发言人。然后，评定事件危险等级，迅速准备正面回应材料，召开新闻发布会表态。待事件平息后要进行声誉的修复，加强舆情监测，还要对本次舆情事件的起因、对策效果书写报告进行总结存档。危机处理流程如图8-6所示。

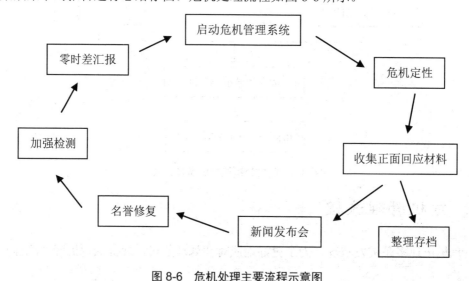

图8-6 危机处理主要流程示意图

四、危机报告机制

根据危机的危害程度，可采用三种不同的危机报告机制。

黄色级别：实行月报制度。对网络上关于组织机构的各种信息进行监控与管理，并掌握信息的舆论导向。

橙色级别：实行日报制度。对网络上出现的相关负面信息或媒体曝光组织机构管理或运营过程中较为严重的问题，实行日报制度。

红色级别：实行实时报告制度。对组织机构形象产生重大负面影响，相关舆情事件被广泛传播，导致无法在短时间内处理解决的危机事件实行实时报告制度。

第五节　舆情道德体系建设

一、政府层面

作为新兴传播媒体的互联网已经成为广大公众学习和沟通的重要途径。网络技术的迅速提升使公众在互联网的参与度、活跃度迅速提升。网络的匿名性相对于传统媒体而言缺少了"把关人"的限制，使信息可以更加快速、便捷地传播开来，有时网络反而会成为谣言扩散的载体，使谣言迅速传播。各种舆论谣言必然会对公众思想意识以及价值观念产生负面影响。这就要求网络舆情相关工作者必须时刻关注网络发展，把握网络舆情走向，促进网络舆情向更加安全的方向发展，进而提高网络安全。

政府网络舆情道德建设主要从两方面出发：引导和约束。由于部分公众还不能理智、客观地辨别网络言论，极容易被网络流言所影响，被社会反动势力所利用，形成不利于政府、不利于文明和谐社会健康发展的舆论。各级政府应该根据自身的特点，合理利用线上平台，在官网、政府官微进行思想教育，增加线下教育讲座次数等，以增强公众的网络道德意识。另外，对于政府舆情的管理还应注重对公众的约束，严格落实现有舆情法律法规，对舆情进行监督管理。政府还应加强道德约束管理，抵制消极的网络言论，开启实名制认证，减少网络负面舆情。

二、公民层面

（一）培养思辨精神

公民要把握好言论自由的度，享受权利的同时积极主动地承担责任。首先就是不盲目，擦亮双眼，对于网络新闻报道和各类社会问题拥有全局性的认识，避免断章取义，还没搞清楚状况就"指点江山"很容易产生失当的言论，携带暴躁的情绪有百害而无一利。其次就是有主见，多加思考，避免跟风。一些网民在发表评论时往往只是动动手指而不动脑子，人云亦云，一段段评论未经考量就被点击了发送键，抱着出了问题也不会殃及自身利益的想法，严重缺乏社会责任感与网络公德心。人们勤于上网，却惰于思考，这种惰性具有一定的传染力和破坏力。要想克服这种惰性，可以通过更多的阅读来提升自己的内涵，有效地应对浮躁的情绪，提高理解和表达的能力，在阅读中培养思辨精神。

"勿以善小而不为，勿以恶小而为之。"人是一切社会关系的总和，是社会的产物。人们在网络上的表现总是折射出现实中的种种问题，因而文明和谐的网络舆论环境需要网民的共同努力，为解决现实中的问题而积蓄力量。加强网络道德宣传和精神文明建设是十分重要的，因此，公民应自觉地贴近社会正能量，在理性传播中提升自律性，管理好情绪，互相监督，共同进步，减少一分戾气，增添一分和谐。若人人都能达到"言之有理"的境界或者朝着这个方向不断努力，那么网络舆论环境的未来将是充满阳光的，这些阳光将驱散"盲目恶评"这一病毒，使得评论区域回归最真实的理性状态。

（二）提高媒介素养

首先，公民应当主动介入媒介素养教育的各式项目中，积极参与媒介素养教育，使其具有讨论的价值，而后逐渐成为全民性的议题。媒介素养的整体提高，不仅涉及各类媒介的正确理解和使用，还涉及良好的接触媒介的心态培养。公民作为媒介内容的接收者，也有必要成为分析者和批判者，因此应保持清醒的头脑，充分发挥主观能动性，正确享用资源。同时，公民要培养良好的接触媒介的心态，在匿名的环境下仍然要保持最基本的公德心，而非出于"反正没人认识我"的想法去胡作非为。总之，只有公民自身重视媒介素养的提高，才能合理利用媒介资源，从而完善自我、服务社会。

其次，培养乐观积极的态度，消解自以为是的弱势心态，少一些不必要的社会比较。具有消极态度的人更容易传播消极的言论，而持有积极态度的人常常会传播积极言论，带来社会正能量。只有加强心理认知调节，直面现实、合理预期、正视自我、知足而乐，转换心态模式和思维方式，才能避免社会异化、走入心理"怪圈"。因此，要以积极的态度来看待问题，树立奋发进取的人生观，矫正浮躁的财富观、成功观，提高自我认同水平，增强内在精神动力，击退愤怒、焦虑、仇视等消极情绪。

第六节　网络舆情效果评估与反馈

在网络舆情事件平息后，还应该对这次舆情事件的实施效果进行评估，对成功的地方和不足之处进行总结，重塑组织机构的形象。

声誉是官方机构最重要的资产，在发生舆情事件后，机构的声誉会受到影响。基于此，要向公众报道以下几部分内容：① 网络舆情事件具体情况，让社会大众了解真相；② 做出郑重道歉，告知社会大众自身的不足之处，平复民众情绪，勇于承担责任；③ 对造成伤害的人员进行补偿；④ 处理事件责任人，改正不足之处。

同时，还需要建立起舆情事件的反馈机制。舆情反馈机制主要是反映舆情管理部门的落实情况，了解管理部门应对舆情的能力，做到真正有效果，而不是摆样子。反馈机制主要包括四个方面：收集解决情况、撰写报告书上传领导、领导进行批复、回访。这样可以使反馈机制更高效地运转，也可以保持工作的真实，有效地提高办事效率。

案例讨论：山东大学留学生学伴事件

一、事件回顾

2019 年 7 月 6 日，一篇题目为《1 个留学生配 3 个学伴，学伴以女生为主》的文章引起了网友的关注。文章提到山东大学在 2018 年发布的留学生招募学伴项目中，1 个留学生配 3 个学伴，学伴以女生为主。山东大学学伴计划于 2016 年开始实行，2017 年为一对一配对，2018 年山东大学学伴制度再度升级，采取 1 个留学生配 3 个学伴的配置，落选学伴则列入学伴库。同时，网上流传着一份中外学生匹配表以及山东大学寻找学伴申请表（见图 8-7）。这份学伴配对成组结果显示：47 名外国留学生与 141 名国内学伴配对成功，相当于 1 个留学生搭配 3 个学伴，且大部分学伴为女生；留学生"学伴"申请表分类细致，从专业、性别、性格到交友目的（如结交外国异性友人），且申请表上明确写有"……以便为你匹配到心仪的学伴"。以上内容引起了网友对山东大学的质疑和不满。

图 8-7 山东大学留学生"学伴"相关文件

二、舆情传播

7月7日，一份网传的山东大学国际事务部声明中称，山东大学举办的学伴活动合法且正当，项目目的也是促进中外学生交流（见图8-8）。这份网传的声明中不当的言论表达致使山东大学学伴事件的舆论不断发酵。

7月11日，新民周刊（见图8-9）、紫墨轩老崔等多家自媒体账号发表博文质问山东大学学伴为何以女生为主，引起网民对山东大学的抨击，同时对项目本身以及留学生群体展开了激烈讨论。

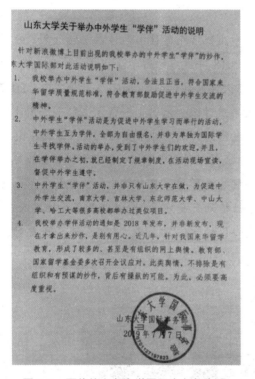

图8-8　网传的山东大学国际事务部声明

图8-9　新民周刊质问山东大学的博文

7月12日，山东大学官方微博回应此事（见图8-10）。

官方声明之后，澎湃新闻、界面新闻发表《1个留学生配3个学伴，学伴以女生为主？师生：为友好交流》，文章中指出山东大学的学伴申请表中可以自由选择性别，也并不存在1个留学生跟3个女生的配比，项目实施后学生的反馈也比较好，网传事实并不属实。随后，网易新闻、澎湃新闻、中国新闻网、头条新闻、蓝鲸财经记者、学术大观察、颜俊律师等自媒体账号开始发表、转发山东大学学伴项目受到学生欢迎，且一对一、一对三系网友恶意曲解的博文。网民对于这件事情的评论两极分化，仍有网友质疑山东大学的道歉，对学伴项目并不赞成，抨击留学生在华的特权问题，且在学伴事件爆发后，申请成为学伴的女学生遭到短信骚扰以及网络暴力。部分评论如图 8-11 所示。

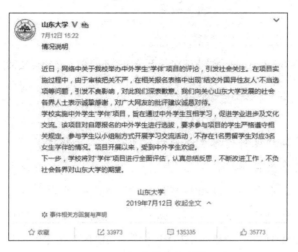

图 8-10   山东大学官方微博回应

图 8-11   部分网友针对学伴事件的评论

自学伴风波之后，9 月 17 日，山东大学官方微博账号在凌晨发布不良信息，山东大学再次被推到舆情的次高峰阶段。上午 9:58 官方做出盗号回应并称已报警备案（见图 8-12）。网友的舆论聚焦点集中在两方面：一是对账号的保护问题；二是抨击山东大学的不良行为，同时再次牵连出学伴项目的异性配对问题。官方回应之后，舆情传播趋势达到高峰后也渐渐平息，山东大学也在舆论中不断地完善各项的工作。

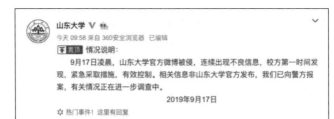

图 8-12 山东大学官博对其上出现的不良信息及时做出回应

三、事件总结

　　山东大学的学伴制度将留学生问题推至舆论中心。随着关注量的增多，争论点逐步上升为"外国留学生在华特权"的大讨论，对外国留学生在华待遇优先的口诛笔伐已成为国民话题，山东大学学伴项目事件反映了舆论长期对留学生群体的不满情绪，这一现象值得正视和讨论。不论如何，正视并从根源上解决"特殊对待留学生"现象才是此次事件带给我们的重要启示。2019 年 7 月 20 日，教育部国际司负责人表示要推进中外学生的趋同化管理，这一表态呼应了舆论对教育公平的期待。接下来，高校应加速落实教育部的相关要求，细化留学生管理细则，以更好地体现教育的公平、公正。高校在涉及留学生违法的事件中，要以事实为依据严肃处理，不偏袒留学生才能赢得舆论的支持。

【习题与思考题】

　　1. 山东大学在这次舆情事件的传播过程中，有哪些舆情处置失当？

　　2. 关于这次舆情事件，为什么舆论场中对山东大学都是一致的批评声音？

【实践任务】

　　寻找近几年的舆情事件，搜集与"留学生"有关的舆情案例，分析其中的舆论变化情况。

【背景资料】

高校网络舆情应对体系

　　高校师生思想活跃，使用各种网络与新媒体的技术水平较高，加之网民对高等教育十分关注，因此，高校成为舆情爆发的多发机构。但是，当前，各高校的主要精力集中在教学、科研、学科建设等主要领域，对网络舆情关注度并不高，投入资源有限，因此，平时没有建立科学的监测体系，一旦遭遇网络舆情，往往缺乏必要的引导，但舆情处置不当会给学校带来诸多负面影响。

因此，本书推荐一种高校网络舆情应对体系，供各高校采用，如图 8-13 所示。

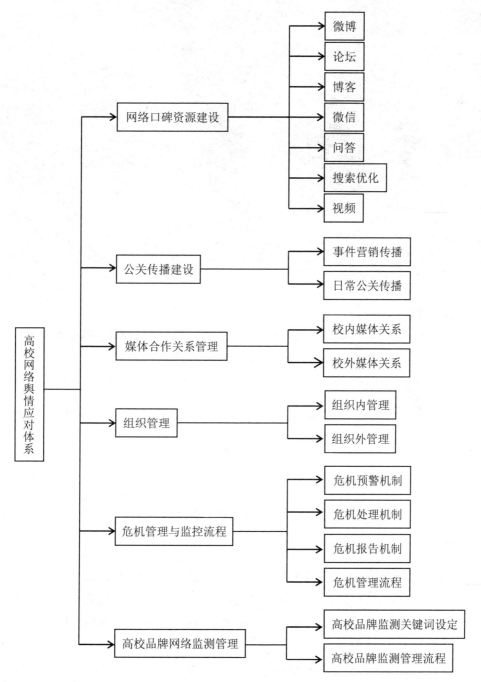

图 8-13　高校网络舆情应对体系

第九章

网络舆情报告撰写

学习目标

　　掌握三种类型舆情报告的撰写方法，能够独立撰写舆情报告，根据舆情报告的撰写技巧进行实际写作，以此来掌握舆情报告撰写的技能和要求。

　　舆情报告可以分成常规性报告、专题性报告和综合性报告。本章将结合具体的报告实例来讲解如何写作舆情报告。

第一节　常规性报告

　　网络舆情常规性报告是舆情工作人员向上级汇报特定时间段内的网络舆论情况，实时监测网络舆情的变化趋势，以此来掌控舆论的方向。常规性报告按照监测时间可以划分成日报、周报、月报、季报，内容可以是对特定时间段内网络舆情的综述、行业动态的分析、竞争对手的舆情分析等。

　　以下将以舆情周报和月报为例来讲解。

一、周报

沈阳工业大学 2018 年 12 月 17 日—12 月 23 日舆情报告

（一）重大舆情

无重大舆情。

（二）传播分析

2018 年 12 月 17 日 00:00:00 至 2018 年 12 月 23 日 23:59:59，沈阳工业大学方案下监测到相关舆情信息的媒体分布如图 9-1 所示。

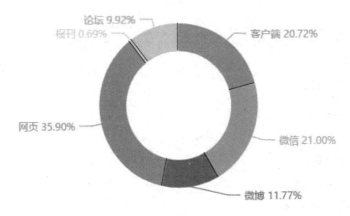

图 9-1　"沈阳工业大学"相关信息的媒体分布

1. 微博

上一周在微博搜索与"沈阳工业大学"相关的关键词中，出现比较频繁的是兴顺校区、考研资讯和沈阳工业大学相关资讯等。

2. 百度贴吧

近一周来，百度贴吧上讨论的比较频繁的话题是专业咨询和考研咨询以及与学校相关的各种信息咨询。

3. 百度指数

从图 9-2 可以看出，上一周关于"沈阳工业大学"的搜索量与之前相比有所增加，整体日均值 1576 次，移动端日均值 1024 次，整体同比上升 11%，整体环比上升 2%，移动同比上升 7%，移动环比上升 2%。

关键词	整体日均值	移动日均值	整体同比	整体环比	移动同比	移动环比
沈阳工业大学	1576	1024	11% ↑	2% ↑	7% ↑	2% ↑

图 9-2　"沈阳工业大学"百度指数

图 9-3 是上周的搜索总趋势，由图中可以看出，12 月 17 日达到峰值 1987 次。

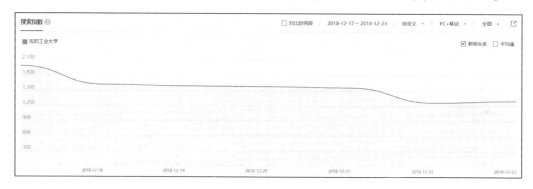

图 9-3 "沈阳工业大学"周搜索总趋势

4. 微信

上周关于沈阳工业大学微信公众号文章的周榜前十如图 9-4 所示。

文章标题	公众号	阅读数	点赞数	操作
别了，三号楼！	工大电台	66672	187	☆
换届工作有条不紊 教职员工畅谈感受	沈阳工业大学	1700	23	☆
"研"途有我，绝不孤单	翔源湖畔沈阳工业大学团委	1464	40	☆
校党委书记刘自康署名文章被党媒刊登转载	沈阳工业大学	1431	51	☆
【考研加油】乘风破浪会有时，直挂云帆济沧海！	沈工大就业	945	4	☆
【学子风采】2018年校学生校务参事风采展示-03期	沈阳工业大学学生处	781	13	☆
【学子风采】2018年校学生校务参事风采展示-02期	沈阳工业大学学生处	751	10	☆
玩儿雪，我们是认真的	翔源湖畔沈阳工业大学团委	602	11	☆
工大故事||We love basketball！	翔源湖畔沈阳工业大学团委	558	9	☆
【学子风采】2018年校学生校务参事风采展示-04期	沈阳工业大学学生处	470	7	☆

图 9-4 关于沈阳工业大学微信公众号文章的周榜前十

5. 小结

通过以上数据可得出大致结论：上周微博和微信上关于"沈阳工业大学"关键词讨论得比较多的话题是考研、兴顺校区和学校相关活动以及干部们的相关行动，其他消息和校园资讯属于正常传播范围。

（三）内容分析

1. 情感属性

据图 9-5 可知，2018 年 12 月 17 日 00:00:00 至 2018 年 12 月 23 日 23:59:59，正面舆情信息 571 条，负面舆情信息 23 条，中性舆情信息 76 条。

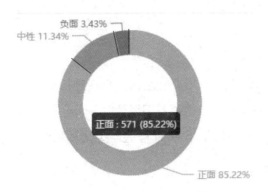

图 9-5　信息"情感属性"

2. 热门主题词

据图 9-6 可知，"沈阳"一词出现频率最高，达 27 次，其次是"科技"21 次。

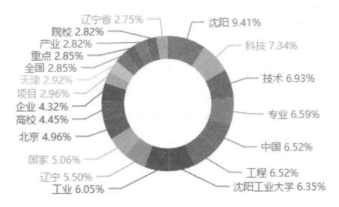

图 9-6　信息"热门主题词"

（四）负面舆情

本周负面舆情信息具体如下：抱怨学校路面结冰容易摔倒（见图 9-7）。

图 9-7　单条负面信息

二、月报

本篇月报选取 2019 年 9 月 50 件社会热点事件进行举例，月报中可以从热门话题、主题词、地域分布等多个角度分析本月的舆情。

2019 年 9 月社会热点事件舆情月报

（一）热点事件

（1）"九一八"事变 88 周年。

（2）中国首次开展共和国勋章评选颁授。

（3）中央档案馆公布开国大典彩色视频。

（4）中国女排 11 连胜蝉联世界杯冠军。

（5）Costco 上海店开幕被挤爆事件。

（6）新版人民币发行。

（7）2019 年中国农民丰收节。

（8）2019 年国家网络安全宣传周。

（9）韩国华城连环杀人案嫌犯落网。

（10）北京大兴国际机场投运。

......

热点事件按热度依次排序，依据人工有筛选的收集或者舆情监测系统均可整理出 2019 年 9 月的社会热点事件。鉴于篇幅问题，在此列举热度前十的事件来说明第一部分内容的舆情月报撰写，在撰写时要对热点事件做出完整列举，以此来更好地掌握本月的舆论热点信息状况。

（二）舆情话题

舆情话题可以按照涉事主体分成涉党政舆情、涉企业舆情、涉学校舆情。按照涉事内容可以分成政法舆情、社会民生、公共安全、公共卫生、文娱体育等话题，同时也可根据当月事件酌情调整话题分类。

根据上述事件，2019 年 9 月的舆情话题里政法舆情、社会民生、文娱体育话题较为突出。

政法舆情事件里"中国首次开展共和国勋章评选颁授""中央档案馆公布开国大典彩色视频"等涉及国庆节的内容关注度较高，"'九一八'事变 88 周年""2019年中国农民丰收节""2019 年国家网络安全宣传周"的节庆活动引发舆论关注。

社会民生事件里"Costco 上海店开幕被挤爆事件"备受关注，成了上海乃至全国网民讨论的首要话题。

文娱体育事件"中国女排 11 连胜蝉联世界杯冠军"，舆论对于女排精神一致赞扬。

（三）地域分布

根据舆情系统的监测结果，可以分析本月热点事件地域分布情况，主要集中在华东、华南地区。北京（3 起）、湖北（3 起）、上海（3 起）、浙江（2 起）等是热点事件频发的省市，其中，"北京大兴国际机场投运""华中科技大学一研究生跳楼自杀""Costco 上海店开幕被挤爆""马云卸任阿里董事局主席"等事件皆受到大范围的讨论。此外，国外热点事件 7 起，国际热点事件 2 起，其中，"中国女排 11 连胜蝉联世界杯冠军""韩国华城连环杀人案嫌犯落网"等引发大规模舆论关注。

（四）热门主题词

热门主题词是指时段内在微博、新闻网站、微信公众号、论坛等网络平台上出现频率高、分布范围广的词组及短语。在 2019 年 9 月的热点事件中，"'九一八'事变 88 周年"引发大量网民关注并跟评。同时，"中国首次开展共和国勋章评选颁授""中央档案馆公布开国大典彩色视频""抗日战争胜利 74 周年""国庆 70 周年阅兵演练圆满结束"等事件点燃了众多网民的爱国主义情绪，使"九一八""共和国勋章""开国大典""抗日战争""演练"等词汇受到舆论大规模讨论。此外，"中国女排 11 连胜蝉联世界杯冠军""北京大兴国际机场投运"等彰显国家实力的事件牵动着网民的情绪，众多网民参与转发以及点赞，让"中国女排""大兴机场"等词汇热度持续上升。

（五）舆情简析

1. 唱响时代主旋律，国庆前夕民众爱国情绪高涨

在国庆来临前夕，"九一八"事变 88 周年、抗日战争胜利 74 周年等纪念日的来临，使得央视新闻、《人民日报》等媒体相继发文呼吁勿忘国耻、铭记历史。各大媒体奏响主旋律，在一定程度上助推民众爱国情绪高涨，微博、抖音、知乎等平台形成了多个相关热门话题，大量网民也借此表达自己的爱国主义情感与民族情结。

2. 聚焦负面舆情事件，反思网络暴力行为

9 月，社会民生类舆情同样也是舆论关注的焦点，其中，"Costco 上海店开幕被挤爆""山东 14 岁女孩模仿短视频制作爆米花离世""华中科技大学一研究生跳楼自杀"等事件更是引发大量负面舆情，并出现地域黑、对涉事者的人身攻击等网络暴力行为。

从对周报和月报两则简单叙述的实例中能看出，常规性的舆情报告就是对这一天、这一月份、这一季度整个热点舆情的总结，首先进行的是对舆情热点事件的概述，其

次是对地域、热词、传播平台的详细分析，最后进行总结评析。日报和季报的写作方式也都与周报、月报的撰写大概一致，并无太大差别。

常规性报告具有短期性、及时性的特点，能够让相关部门及时地了解并掌握社会舆论短期内的变化发展。当出现舆论危机时，便可以迅速掌握舆论，引导公众，避免恐慌事件发生，维持社会的安宁与稳定。

第二节　专题性报告

针对专题事件进行梳理的报告是以大量的舆情信息为素材，用舆情报告特有的分析方法来分析某个特定事件的发展变化过程，以追踪专题事件的发展，发现舆情演变的周期规律。

以下以昆明理工大学学生李心草溺亡事件为例来介绍专题性报告。

（一）事件回顾

2019年9月9日凌晨，昆明理工大学大二女生李心草和其室友任某及任某朋友罗某、李某四人在相继出入两家酒吧聚会饮酒后再次来到盘龙区桃源街一家酒吧继续饮酒。其间，李心草呈现醉意，疑似受到罗某、李某的殴打，李心草冲出酒吧打车出走未果后，翻越护栏"坠入"盘龙江。

凌晨2时许，昆明市公安局接到报警称有人跳江，随即公安局安排人员与消防员前往搜救并将同行3人带至鼓楼派出所调查。与此同时，李心草母亲被警方告知其女落水赶往现场，尸体打捞未果。

9月11日，昆明市公安局水上分局水上派出所接到报警，在滇池东码头发现一具尸体，经家属确认，死者系李心草。警方组织李心草家属和涉事3人进行民事赔偿调解，双方未达成协议。10月10日，李心草母亲申请对其女儿进行尸检。

10月12日12时许，微博账号"李心草妈妈"发长文《一个母亲的血泪控诉：谁能告诉我一个真相？》并上传一段事发酒吧监控视频，称其女儿李心草落水死亡真相不明，细数事发及调查过程中的种种疑点，希望公安机关立案调查，查出李心草死亡真相。

当天14时许，昆明市公安局盘龙分局发布情况通告称，高度重视网民反映的李心草落水身亡的相关帖文，立即成立调查组展开调查，及时对外公布核查结果。

10月14日21时许，昆明市公安局发布情况通报，对李心草死亡事件，提级成立由市公安局分管副局长任组长的专案组。

（二）舆情趋势

10月12日，微博账号"李心草妈妈"发贴图长文，希望通过舆论关注促进事件真相的查明。贴文发布后该事件立即引发了舆论的广泛关注，舆情量急剧上升。在李心草妈妈不断发文的推动下，舆论对此事的关注度持续升高，昆明警方遭受公众质疑，案件疑点重重。加之《人民日报》发布《人民微评：呵护一株"小草"的尊严》，期待真相水落石出，多家媒体进行转发评论，助推舆情在10月13日达到顶峰。

（三）媒体报道

1. 关注事件进展

事件发酵后各大媒体对李心草事件的发展进行跟踪报道，人民网、新京报网、澎湃新闻等主流媒体更是助推舆情热度的上涨。

2. 呼吁真相

人民网发表文章《敬畏事实，等待李心草之死迷雾散开》称，置身于全方位的监督下，昆明警方经过严谨细致的调查，实事求是，发布真相，既有足够的外在压力，也有充足的内在动力。《半岛都市报》发表文章《"李心草之死"真相不容拖延》称，李心草溺亡了，但真相不能溺亡，正义不会缺席，却也不应该迟到。

3. 讨论公权部门的问题

红网发表文章《从李心草事件看公权部门如何避免陷入"塔西佗陷阱"》，《齐鲁晚报》发表文章《李心草一案，如何让公众相信昆明警方的"一查到底"》，表明在威胁政府公信力的突发网络舆情事件面前，相关部门应该做到临危不乱、直面舆论质疑，防止公信力受损。同时，长城网发表文章《李心草之死：人命关天，立案不该那么难》，每日经济新闻发表文章《李心草事件为何立案难》，在司法体制改革层面进行思考。

（四）网民话题

1. 批判警方不作为

李心草妈妈在微博的爆料引发舆论强烈关注后，昆明警方才宣布立案侦查，这引起部分网民对警方的质疑，有网民评价"微博报警比打110有用多了""微博办案比警察局方便多了"。

2. 聚焦案件疑点

李心草案件疑点重重，如"四个人为什么只有李心草喝醉了""打李心草耳光'醒酒'是否可信""任某与另外两个男子究竟是什么关系""监控视频中李心草疑似醉酒状态躺在椅上，而一名男子明明压在她身上，到底是恶意猥亵还是善意叫醒""警方为什么不积极打捞施救""视频中打人的男子到底是什么背景"等。

3. 其他话题

其他观点主要如下：痛斥任某及另外两名男子、议论"李心草死亡尚不构成刑事案件的报道"被删除、关注李心草被猥亵殴打细节、质疑李心草家属买热搜等。

（五）研判建议

1. 舆论质疑案件侦办不力，谨防出现公信力危机

李心草事件使公众质疑警方的公信力。在巨大的舆论压力面前，警方不能被舆论风向所左右，应充分考量各方诉求，以法律为准绳，以调查结果为依据，保持理性客观，合理回应李心草母亲的悲痛，化解公众疑虑。

2. 新媒体的作用得到充分发挥，严查事件背后是否存在推手

李心草溺亡事件之所以能引发舆论大范围关注，与李心草母亲在微博频繁发文有关，其背后是否存在别有用心之人试图操控舆论，建议相关部门密切关注李心草母亲微博动向，一旦发现问题及时彻查，防止事件在网络推手的操控下失控。

从整体来看，专题性报告对"李心草溺亡"事件进行了时间脉络上的梳理，之后给出整体事件发展的舆情走向，紧接着分析媒体和网民正在讨论的舆论话题方向，最后给出研判建议——在推动案件进一步发展的同时也要谨防政府公信力出现危机，造成更严重的后果。

专题性报道具有针对性的特点，对于针对特定事件的网络舆论出现持续发酵的现象，专题性报告能够厘清突发事件的发展脉络，了解媒体和网民的舆论状况，从而有针对性地提出研判建议，为之后处理突发事件提供借鉴，同时也能够更迅捷、更准确地做出相应的反应。

第三节　综合性报告

综合性报告是指根据特定的需求，融合常规性报告和专题性报告，对全年的舆情状况进行撰写。人物综合分析、企业年度报告、年度事件总结都是典型的综合性报告，其形式灵活多样，可以对舆情进行全年分析。

下文以 2019 年维权事件总结为例。

（一）2019 年热点维权事件盘点

1. 奥迪致癌事件

2019 年 3 月，一名白血病患者"豆豆在哭"发布一篇名为《他们都得了白血病，他们都买了奥迪车》的文章，引发了奥迪车内空气有致白血病嫌疑的舆情事件，并在网络上迅速传播。随后又有多名车主加入维权，指出一汽大众奥迪车内长期存在异味，怀疑因车内空气质量不达标而导致车主身体不适，甚至患上白血病。

2. 脆皮安全帽事件

4 月 11 日，窦师傅在某短视频平台上发布了一则工人安全帽"一碰就碎"的视频，该消息引发媒体和公众对安全帽质量问题的关注。4 月 17 日，应急管理部回应要落实企业安全生产主体责任。随着事件进一步发酵，关于爆料者窦师傅失业找不到工作的消息在网络上传播，再次引发舆论关注。

3. 奔驰女车主维权

4 月 11 日，一则关于奔驰女车主坐在奔驰引擎盖上维权的视频刷爆网络。事件的起因是该女士新买的奔驰车还没开出大门就出现发动机漏油问题，女车主在与涉事 4S 店即西安利之星交涉过程中利之星不断推诿，女车主无奈坐在新买车的引擎盖上哭喊维权。4 月 16 日，奔驰女车主和西安利之星达成换车补偿等和解协议。5 月 27 日，相关部门通报有关涉嫌违法案件调查处理结果。

4. 快递员下跪事件

6 月 11 日，山东一名女快递员因快件少了个芒果遭到收件人投诉，该快递员因此被公司罚款 2000 元。该快递员跑到投诉者家中下跪寻求原谅，民警为该快递员开具了一则"不必摒弃尊严祈求原谅"的相关证明。随后，圆通做出回应称免除因投诉引起的处罚并对其进行慰问。6 月 14 日，该快递员的一段音频在网上流传，她在音频中称公司没说开除她，也没说对她罚款。该段音频致使事件出现反转。

5. 韦博英语疑似跑路

9 月以来，成立二十余年的老牌培训机构韦博英语疑似"跑路"传闻不断。国庆期间，韦博英语北京门店关停的消息上了微博热搜，随后，门店关停情况波及上海等地区，南京门店被曝拖欠工资，大量学员被诱导申请培训贷，成都、杭州、重庆等地被紧急走访调查。该事件导致大量学员在没有学英语的状态下还要还贷款，这些遭遇引得他们积极进行维权。

（二）热点维权事件舆情演化周期分析

1. 热点维权事件舆情演化周期（见表 9-1）

表 9-1　热点维权事件舆情演化周期

事件	事发时间	爆发期	舆情消退期	舆情周期/d	焦点是否转移	是否产生维权效应	事件维权结果
奥迪致癌事件	3.12	3.13—3.15	5.12—5.20	73	否	是	官方回应解决事件
脆皮安全帽事件	4.11	4.11—4.23	4.23—4.25	15	是	否	各地启动专项调查
奔驰女车主维权	4.11	4.11—4.17	4.18—5.28	48	是	是	奔驰道歉并处罚款100万元
快递员下跪事件	6.11	6.11—6.16	6.16—6.20	10	是	否	协商和解
韦博英语疑似跑路	10.5	10.6—10.13	10.13—10.24	20	否	是	维权中

2. 热点维权事件舆情演化周期特点分析

通过对热点维权事件舆情演化的周期性进行分析，可以发现如下规律性特点。

（1）热点维权事件的网络舆情演化周期一般相对较长。维权事件具备自身的特殊性，从舆情生成到舆情消退往往经历较长时间。从表 9-1 中的数据来看，有些事件的舆情发展周期超过 30 天，其中奥迪致癌事件约 73 天，奔驰女车主维权大约持续 48 天；而舆情周期在 10～30 天时长范围内的事件占比最高。

舆情周期的长短与相关部门介入调查、涉事方回应解决的速度等正相关。例如，奥迪致癌事件，从事件被曝出引发人们的关注之后，奥迪官方的检测回应迟迟未出，直到 5 月份才给出回应。其间，关于奥迪致癌的信息不断扩散，并且引发更多的维权者不断加入。

（2）热点维权事件在舆情演化过程中容易出现焦点转移。通过热点维权事件在舆情演化过程中的舆情发展来看，部分事件往往容易出现舆情焦点转移的现象。例如，脆皮安全帽事件中，除了关于安全帽质量问题的讨论，对于爆料当事人窦师傅的就业问题也成为热议的新焦点。

（3）维权事件成为舆情热点极易引发维权效应。当维权事件引发公众关注成为舆情热点时，往往会产生维权效应。在网络舆情不断发酵后，越来越多有类似经历的人会加入维权行列，由此增强维权的舆论力量。

（三）热点维权事件舆情演化过程中的传播趋势

在奥迪致癌事件事发阶段，头条新闻、澎湃新闻等新闻媒体都对事件进行了报道，"律师一姐"等自媒体大 V 进行转发评论。引发人们更广泛关注后，更多的媒体对事件进行跟踪报道，议题包含中国消协的市场监管总局的介入调查，"互联网那些事"等自媒体大 V 和部分网民表达强烈不满并呼吁维权。在舆情消退阶段，奥迪方回应车内挥发物在国家标准范围之内，财经网、央视网、新浪汽车等对此内容进行了转发评论。

脆皮安全帽事件中，《人民日报》、央视新闻、澎湃新闻、头条新闻、《新京报》等多家媒体对于相关部门的回应、当事人的回应以及现状进行了报道，同时倾向性地评论要杜绝黑心产品、重视安全管理。"连鹏""老板联播"等自媒体大 V 传播当事人的现状，并发表自己的看法。在舆情消退阶段，当事人已经找到工作，《凤凰周刊》等专业媒体、以天涯社区为代表的博主传达了此消息，舆情进入尾声。

奔驰女车主维权事件中，梨视频、环球网等媒体对于花 66 万买奔驰还没开就漏油事件进行了传播，猫扑、新浪西安汽车等博主对事件进行转发评论。随后，各地奔驰车主相继维权，相关部门介入调查，各大媒体进行了跟踪报道，网友持续关注，并批判监管失责问题，要求相关部门加强监管、尊重消费者。官方在收到维权后的 5 月份给出维权结果，女车主做出回应，与此同时网友质疑女车主的身份，《人民日报》、梨视频发布相关事实，以"36 氪"为代表的博主呼吁消费者积极维权。

快递员下跪事件中，以"快递员遭恶意投诉下跪，民警：不必摒弃尊严求原谅"为题的内容被人民网、中国新闻网广泛传播。"搞笑童姥"等博主及部分网友控诉快递公司和投诉者的冷血，同情快递员的同时点赞警察。在圆通快递做出回应后，头条新闻、央视新闻、《人民日报》等主流媒体跟进事实报道，传播议题围绕快递行业制度展开。最后阶段主流媒体和网友开始梳理事件始末并进行反思。

韦博英语疑似"跑路"事件中，在舆情发酵阶段，由界面新闻、凤凰网披露多家北京门店停业，百名员工被欠薪事件。随后，《南方都市报》、头条新闻等专业媒体发布韦博英语资金链断裂疑似"跑路"的消息，同时，猫扑网、"36 氪"等博主提醒大家提高警惕，大量学员开始进行积极维权。随后光明网报道各地韦博英语相继停业，博主和网友呼吁不要让学员还债背锅。

（四）总结

在 2019 年的维权事件总结中要深入挖掘，了解舆情事件的每个发展阶段，充分理解热点维权事件的舆情演化规律。同时，要重视热点维权事件在各个阶段的复杂性，加强对影响力较高的传播主体的持续跟踪，以及事件双方的回应状况，注重网民的舆论风向，把握多方传播主体参与事件中的传播议题，以更全面地分析把握事件。

在年度报告中对 2019 年全年度的维权事件进行了列举概述，并分析每件热点事件的舆情周期以及舆情周期发展的特点。之后便是对媒体进行深入的舆情趋势研究，如哪些媒体进行了报道，在舆情发展周期的哪个阶段报道了哪些议题，从而得出媒体在这些热点事件中所处的舆论位置以及发挥的作用。最后必须给出对于全年度维权事件舆情演化的总结性思考，既是对年度的总结，也是对未来管理相关工作的部门给予警示、提醒，促使其提高工作能力，来维护良好的网络环境以及整个社会的稳定。

第四节　网络舆情报告撰写技巧

一、写作要求

（一）全面搜集信息

要写好舆情报告，首先要大量搜集信息，但并不是盲目地进行搜集，而是针对需要了解的内容进行特定的搜集。这种信息搜集可以在舆情演化的周期内分阶段进行。

1. 舆情发酵阶段

在舆情发酵阶段，我们需要搜集对事件最早爆料的文章、帖子，在微博、微信、QQ、今日头条、抖音、论坛等各大自媒体平台进行关键词查找，查找发布事件、评论的源头信息并进行汇总，从而掌握基本的情况。例如，昆明理工大学李心草溺亡案件里，源头信息便是李心草的母亲申请了微博账号，在微博里发布了李心草溺亡事件的来龙去脉以及监控证据。

2. 舆情爆发阶段

在舆情持续发酵的过程中，各大官方媒体账号、网络大 V 的转发，促使舆情事件出现在大众的面前，引起大众的热议、转发，从而达到舆情的爆发阶段。在这个阶段，主要以官方媒体的发声、大 V 的帖子、网民的争论话题为搜集对象，集中在微博、微信等各大 App 平台上进行搜集。李心草事件里，昆明公安局在舆论的压力下发布了通告声明，随后又进行了删除处理，在《人民日报》发布《人民微评：呵护一株"小草"的尊严》一文后，舆情达到了顶峰。在爆发阶段，要注意搜集当事人李心草的母亲、《人民日报》、昆明公安局以及其他大 V 发布的高热度帖子，还需要搜集网民争议较高的几个话题，例如，政府公信力问题、执法不当问题、李心草自杀疑点问题等。除帖子外，还应搜集热门评论，包括网民的极端评论、自媒体账号的原创评论以及商业品牌借助热点的商业评论。只有尽可能多方面地查找相关信息，进行全面的汇总，才能把握舆论爆发阶段的情况。

3. 舆情消退阶段

在昆明公安局再次发布正在查明事件真相的通告声明之后，案件暂未公布结果也使整体的舆论热度逐渐回落。此时应继续关注当事人发布的微博以及昆明公安局发布的案件进展状况，搜集消退阶段的舆论信息，以比较全面地搜集与案件相关的信息，为舆情报告的撰写提供足够的素材。

（二）舆情报告必须真实、科学

1. 真实性

舆情报告作为向上层领导提供的决策报告，是掌握公众社情民意的重要方式，因此，舆情报告必须真实反映民众的意愿和态度，才能够为决策的制订提供正确的方向。只有搜集的信息素材真实，才能够保证舆情报告具有真实的素材基础。舆情报告撰写者不能主观改编民众的态度，加入私人情感的舆情报告不能反映真实状况，不具有真实性。

2. 科学性

舆情报告的科学性是指在舆情报告的图表中的数据必须是经过调研分析的，而不是凭空捏造、随意制作的。在现今的大数据时代，可以借助一些舆情监测软件获得既全面又客观的数据，如清博舆情系统、百度舆情系统、灯塔舆情监测分析系统、百分点舆情系统、新华网舆情系统、新浪舆情系统等。这些舆情监测软件可以监测并自动生成媒体分布图、关键词搜索值、搜索总趋势、热度排行榜、热门主题词，以及正面舆论、中性舆论、负面舆论的占比图表等内容，可以减少由于人为操作的误差而造成的数据不科学问题。

（三）报告语言简明准确

1. 主题清晰

明确舆情报告的主题，针对特定内容展开，舆情报告尽量简洁、明了、易懂，尽量不要使用晦涩难懂的专业词语，像讨论学术问题一样展开，这样便违背舆情报告写作的初衷，不利于舆情报告发挥其掌握公众民意、引导舆论的作用。

2. 善用数据、图表

大篇幅的文字概述不如数据、图表展现得更加直接，善加利用数据和图表可以达到更好的报告效果。图表可以直观地看见舆情的演化趋势，数据可以精确展现舆情热度的高低，利用数据和图表也可以使舆情报告更具科学性与说服力。

3. 篇幅不宜过长

舆情报告的篇幅以 2000～3000 字为宜，篇幅太少内容单薄，篇幅太多则过于冗杂。事件概述交代清晰，舆情的重要内容分析透彻达到报告目的即可，不必长篇大论。舆情报告的最终作用还是要付之于实践，可以帮助相关部门掌握舆论具体情况并进一步为其提供可操作的对策建议。

二、写作框架

根据本章介绍的舆情报告的类型，能够明显看出不论是哪一种舆情报告形式都具有一定的写作框架。接下来将详细阐述舆情报告的具体框架内容，为撰写舆情报告提供模式化框架。当然，这种写作框架并不绝对，比如，下文中第四部分（媒体聚焦点）和第五部分（网民言论分析）可以视情况合成一部分来写，媒体聚焦点也可以叫作媒体报道、舆论焦点等。灵活地调整写作框架是写出优秀舆情报告的重要因素。下文将具体介绍舆情报告写作中的六大内容。

（一）事件概况

顾名思义，舆情报告首先要对舆情事件进行叙述，简洁明了地展现事件发生的前因后果，即 6W：who、what、how、when、where、why（即谁在什么时间、什么地点、发生了什么事情，怎么发生的，为什么发生）。利用这种基础的 6W 理论就可以很好地叙述清楚舆情事件的整体概况。在此处也可以添加网络标签词，类似于论文写作中的关键词，用来鲜明直观地展现事件主题。

例如：

2019 年 8 月 28 日 11 时 20 分，深圳市罗湖区南湖街道渔邨社区和平新居单身公寓楼发生沉降倾斜。网民尚未脑补完事故"惨状"，神奇的深圳楼市再次创造出一个全新的概念：塌区房。倒塌公寓被中介借势营销，房价暴涨 60 万，引发舆论热议。

网络标签：倒塌公寓 坍塌 沉降 房价反涨 暴涨 60 万 塌区房

（二）传播趋势分析

以事件发生的时间为轴，绘制出整个舆情事情的发酵阶段、爆发阶段以及消退阶段的热度曲线。例如，昆明理工大学李心草溺亡案里，自 2019 年 9 月份事发开始，直到 10 月 12 日李心草的母亲发布长文《一个母亲的血泪控诉：谁能告诉我一个真相？》以及一段监控视频，事件受到了网民的广泛关注，热度不断上升，伴随各大账号、官媒的转发评论，李心草案件在 10 月 13 日达到了舆情的顶峰，在 14 日当地公安局给出了相关案件调查进展通报之后，舆论热度逐渐回落。按照事件发生的时间线可以构建出李心草案件的传播趋势，借助数据分析工具可以得出基于大数据的更精确的趋势图，根据传播趋势图，再结合时间点，可以分析当时一些相关账号、各大媒体的转发评论状况，发现助推舆情演变的背后原因。

（三）传播平台分析

既可以借助数据分析工具生成传播平台的图表，也可以采取传统的人工整理汇总的办法生成图表，借助图表可以直观清晰地看到传播平台的分布。进行简单的传播平台分布概述之后，便要深入分析各平台成为主要舆论战场的原因。如图 9-8 所示，深圳塌区房事件的传播主要集中于微博平台，是由于事件发生后，当地宣传部选择了微博平台进行通报，众多当地资讯博主扎堆发布相关消息，还有《人民日报》、央视新闻、澎湃新闻等官媒进行了转发评论，同时，微博热门话题热议，这些原因都助推微博成为该事件的主要舆论阵地。除此之外，还需要关注其他的传播平台，全面分析事件发生后哪些传播平台推动了舆论的演化。

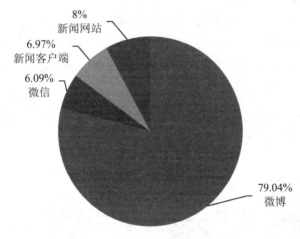

图 9-8　深圳塌区房事件传播平台图

（四）媒体聚焦点

这一部分需要撰写的是在舆情事件演变期间各大媒体关注了哪些话题，并进行分类汇总。针对李心草死亡后出现的各种疑点，媒体聚焦点主要有三大话题：一是尊重事实，呼吁真相，要求依法严惩；二是讨论如何使公权部门避免陷入"塔西佗陷阱"，防止政府公信力遭到威胁；三是反思李心草案背后的立案难问题。除此之外，还有关注女性安全问题的媒体报道。以上只列出了李心草案件里媒体关注的话题，还需对其具体内容进行展开，如哪些媒体关注公权危机问题，哪些媒体关注立案难问题，具体发布了哪些文章。例如，人民网发布《敬畏事实，等待李心草之死迷雾散开》，要求昆明警方彻查案件，公布事实真相；《齐鲁晚报》发表文章《李心草一案，如何让公众相信昆明警方的"一查到底"》，呼吁警方及时回应，重塑公信力。

（五）网民言论分析

和媒体聚焦点写作方式大致相同，分析网民对于该舆情事件都进行了哪些话题的探讨？网友对李心草事件都关注哪些问题？根据搜集的信息，可以对网民的观点进行归纳总结，主要的两大话题就是批判警方的不作为、聚焦案件的种种疑点，除此之外，还有痛斥其他当事人的不良行为、李心草被猥亵被殴打细节、质疑李心草家属买热搜等话题。这部分内容要全面客观地撰写，同时可以将舆论按照情感属性分为正面舆情、中性舆情以及负面舆情三种类型，统计舆情数据并进行分类汇总，这样基于前期的大量搜集工作，后期形成的报告内容才能更好地体现社情民意。

（六）总结、建议

在舆情报告的最后一部分里，可以对舆情报告进行总结或者提出研判建议。对于危机舆情的报告更需要有研判建议，反思舆情爆发背后的原因，究竟是政府公信力问题，还是有人为了特定目的恶意炒作，最后针对这些原因提出研判建议，为上层的决策制定提供意见；而对于月报、年度性的报告来说，可以是对这一段时间内发生的舆情进行总结，比如在 2019 年 9 月份的舆情热点报告中，就总结了在国庆前期人们爱国情绪高涨，同时在 9 月里仍然有大量的网络暴力事件。至此舆情报告的写作框架也就介绍完成，对于报告的撰写仍然需要大量的实际应用，不能仅仅停留在理论阶段。熟能生巧，只要多加练习就能写出好的舆情报告。

案例讨论：长春长生"疫苗"事件

一、事件回顾

2018 年 7 月 11 日，长春长生生物科技有限责任公司（以下简称"长春长生"）被内部员工举报疫苗造假。

7 月 15 日，国家药监局会同吉林省局组成调查组进驻企业全面展开调查，发现该企业冻干人用狂犬病疫苗生产存在记录造假等，严重违反《药品生产质量管理规范（2010 年修订）》行为。责成吉林省食品药品监督管理局收回长春长生相关《药品 GMP 证书》，并责令停止狂犬疫苗的生产。

7 月 16 日，长春长生发布公告，表示对有效期内所有批次的冻干人用狂犬病疫苗全部实施召回。

7 月 17 日，长春长生发声明称，此次所有涉事疫苗尚未出厂销售，所有已经上市的人用狂犬病疫苗产品质量符合国家注册标准。

7 月 18 日，长春长生收到《吉林省食品药品监督管理局行政处罚决定书》，长春长生生产的"吸附无细胞百白破联合疫苗"（批号：201605014-01）检验结果中"效价测定"项不符合规定。长春长生被罚款总计 342 887.60 元。相关处罚条文如图 9-9 所示

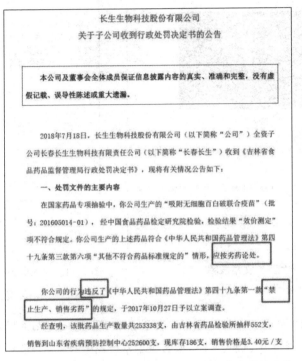

图 9-9　长春长生关于子公司收到行政处罚决定书的公告

7月21日，兽爷发布一篇名为《疫苗之王》（部分内容参见图9-10）的文章，该文章迅速在微信朋友圈里传播，这篇文章将疫苗安全问题推至风口浪尖，疫苗造假事件引发公众对疫苗安全、疫苗监管等话题的讨论。

7月22日，李克强总理就疫苗事件做出批示，此次疫苗事件突破人的道德底线，必须给全国人民一个明明白白的交代。

7月23日15点，长春新区公安分局依据吉林省食品药品监督管理局《涉嫌犯罪案件移送书》对长春长生产冻干人用狂犬病疫苗涉嫌违法犯罪案件迅速立案调查，将主要涉案人员公司董事长高某芳（女）和4名公司高管带至公安机关依法审查。

同日19点，习近平总书记对长春长生生物疫苗案件做出重要指示，随后证监会、公安机关先后介入。长春市人民检察院按照吉林省人民检察院要求，依法成立专案组对长生疫苗事件开展调查，国务院调查组赴吉林开展长春长生疫苗案件调查处理工作。

7月24日，吉林省纪委监委启动对长春长生生物疫苗案件腐败问题调查追责。长春长生生物科技有限责任公司董事长高某芳等15名涉案人员因涉嫌刑事犯罪被长春新区公安分局依法采取刑事拘留强制措施。央媒《人民日报》对长生疫苗案问责的相关

情况进行了报道，如图 9-11 所示。

图 9-10　《疫苗之王》文章截图

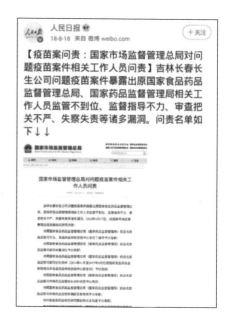

图 9-11　《人民日报》对疫苗案问责的
相关情况进行报道

7 月 29 日，依据《中华人民共和国刑事诉讼法》第七十九条规定，长春新区公安分局以涉嫌生产、销售劣药罪，对长春长生董事长高某芳等 18 名犯罪嫌疑人向检察机关提请批准逮捕。当地警方对此事发布官方通告，如图 9-12 所示。

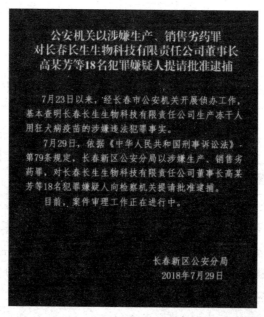

图 9-12　长春新区公安分局对疫苗案相关人员提请批捕的通告

二、舆情趋势

《人民日报》、央视新闻、凤凰网、重庆检察等媒体博主及政府博主中国政府网发布"李克强就疫苗事件做出批示""长春长生董事长高某芳等15人被刑拘""国家药监局已责令企业停止生产并立案调查"等事件重要节点信息（见图9-13），引发大量网民关注并转载，加大了事件传播力度。

图 9-13　机构与媒体对疫苗事件进行的报道

"张艺瀚""BeforeCheung""许一生的文字铺"等自媒体博主认为国家对于疫苗造假企业应该严惩不贷，给人民一个交代，还百姓一个安心。"管鑫Sam""向小田""四川凉山王医生""史老柒""罗昌平"等大V博主纷纷发文痛批疫苗造假企业，并要求相关部门严查严办，对该事件进行了持续关注，部分评论如图9-14所示。

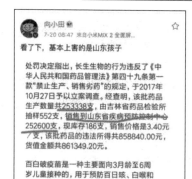

图9-14 部分网络大V对疫苗事件发表的评论

同时，何炅、刘涛等明星博主针对疫苗造假事件也发表了评论性观点，引导舆论走向，如图9-15所示。

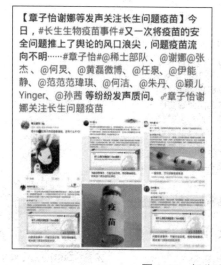

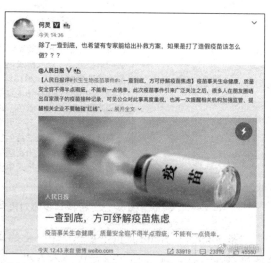

图9-15 部分明星对疫苗事件发表的评论

7月22日，长生生物做出回应，表示十分自责和愧疚（见图9-16），然而因发布的文件落款日期错误引起网民再次抨击。

近日，长生生物科技股份有限公司（以下简称"公司"）收到深圳证券交易所中小板公司管理部下发的《关于对长生生物科技股份有限公司的关注函》（中小板关注函【2018】第260号）。公司董事会高度重视，组织相关部门对关注事项进行认真调查，现将相关问题回复如下：

1. 你公司百白破生产车间已经停产，请补充说明此次停产涉及产品占公司营收的比重、对公司的具体影响以及你公司拟采取的应对措施

回复：2016年、2017年，百白破疫苗收入分别约为0.37亿元和0.30亿元。分别占公司当年营业收入的3.62%和1.95%，鉴于百白破联合疫苗在公司销售收入总额中占比较小，因此停产事项对公司生产经营无重大影响。目前，公司百白破生产车间已经停产，公司正积极研究百白破组份疫苗以及以此为基础的多联疫苗。

2. 根据《行政处罚决定书》，吉林药监局早在2017年10月27日已对你公司予以立案调查，请说明公司是否存在信息披露不及时的情形

回复：经公司自查，未曾收到吉林省食品药品监督管理局出具的立案调查通知书；此外，2016年、2017年，百白破疫苗收入分别约为0.37亿元和0.30亿元，分别占公司当年营业收入的3.62%和1.95%，未达到深交所《股票上市规则》9.2条所述的10%比重，因此公司判断该事项不属于重大应披露的信息。

3. 目前，你公司冻干人用狂犬病疫苗、百白破联合疫苗均已停产，请结合公司生产经营情况说明是否存在《深圳证券交易所股票上市规则（2018年修订）》第13.3.1条第一款规定的情形

回复：截至本公告披露日，虽然冻干人用狂犬病疫苗、百白破联合疫苗均已停产，但水痘疫苗仍在销售，同时公司已取得四价流感病毒裂解疫苗药品注册批件、新药证书及GMP证书，处于正常生产经营中。2017年公司水痘疫苗实现销售收入5.72亿元，占公司2017年度营业收入的37%。

截至本公告披露日，仅有包括公司在内的两家公司取得四价流感病毒裂解疫苗的生产许可，市场竞争格局良好。从目前情况看，考虑到水痘疫苗和四价流感病毒裂解疫苗的经营，我们认为尚不构成《深圳证券交易所股票上市规则（2018年修订）》第13.3.1条第一款规定的情形。

4. 你公司认为的其他需要说明的事项

回复：（1）因狂犬疫苗是否能够复产以及准确的复产时间无法准确预计，此次冻干人用狂犬病疫苗（vero细胞）停产除对本年度财务产生较大负面影响外，对长春长生未来经营的影响程度存在重大不确定性。

（2）狂犬疫苗事件预计会对其他产品销售带来负面影响，但影响程度目前尚无法准确预计。

（3）根据目前了解的情况，有部分地区疾控机构暂时停用公司其他疫苗产品。

（4）公司所有已经上市的人用狂犬病疫苗产品均经过自检，质量符合国家注册标准。按照《生物制品批签发管理办法》的规定，在取得中国食品药品检定研究院下发的《生物制品批签发证明》后公司产品才上市销售。**对于此次事件的发生，我们感到十分自责和愧疚，再次向各位接种者和投资者表示深深的歉意。公司将引以为戒，举一反三，制定切实可行的纠正措施，进行彻底整改，**进一步提升企业生产质量管理水平和能力，加强风险管理，严格执行疫苗生产各项操作规范，确保生产的合规性、真实性、可靠性、可追溯性以及疫苗质量的安全性。

公司将密切跟踪事件进展，积极配合国家药品监督管理局、吉林省食品药品监督管理局等相关监管部门开展后续工作，严格按照中国证监会、深圳证券交易所的相关规定履行信息披露义务。鉴于此次事件对公司当期及未来经营将造成重大影响，敬请广大投资者注意投资风险。

图 9-16　长春长生方面进行的回应

"国馆""超级学爸""秦小明"等公众号发表的《问题疫苗已打入21万孩子身

体：比问题疫苗更可怕的是拒绝疫苗》《疫苗造假罚酒三杯！》《疫苗事件中我们最应该做什么？》等文章阅读量超过 10 万。话题主要围绕"呼吁严惩涉事企业及责任人""担忧问题疫苗带来的健康隐患""疫苗监管存在漏洞""追踪问题疫苗的具体流向""呼吁民众科学对待疫苗"等内容。

三、事件总结

《中华人民共和国药品管理法》第八十一条规定：药品上市许可持有人、药品生产企业、药品经营企业和医疗机构应当经常考察本单位所生产、经营、使用的药品质量、疗效和不良反应。发现疑似不良反应的，应当及时向药品监督管理部门和卫生健康主管部门报告。具体办法由国务院药品监督管理部门会同国务院卫生健康主管部门制定。

对已确认发生严重不良反应的药品，由国务院药品监督管理部门或者省、自治区、直辖市人民政府药品监督管理部门根据实际情况采取停止生产、销售、使用等紧急控制措施，并应当在五日内组织鉴定，自鉴定结论做出之日起十五日内依法作出行政处理决定。

《中华人民共和国刑法》第一百四十二条（生产、销售劣药罪）规定，生产、销售劣药，对人体健康造成严重危害的，处三年以上十年以下有期徒刑，并处销售金额百分之五十以上二倍以下罚金；后果特别严重的，处十年以上有期徒刑或者无期徒刑，并处销售金额百分之五十以上二倍以下罚金或者没收财产。

综合来看，长春长生生产销售的不符合标准规定的疫苗数量巨大、屡次生产并销售给有关省市的疾病预防控制中心用于儿童接种，其行为严重违反相关规定，社会影响恶劣、情节特别严重，必然构成生产、销售劣药罪。

问题疫苗事件彻底激发了人们心中的焦虑和愤怒，官方媒体、自媒体以及网民对问题疫苗进行了全面的"围剿"。各地卫生部门、疾控中心和食药监部门迅速行动起来，做出翔实调查，及时发布权威信息，疏导公众情绪，用事实与真相缓解大众焦虑。自媒体时代每一个人都在成为信息源、传播者，有关方面应当正视自媒体给政府工作和社会管理带来的冲击和挑战，防止自媒体片面解读误导民众，避免不满情绪在民众中淤积，从而破坏政府公信力。

【习题与思考题】

企业面对舆情事件应该如何应对？

【实践任务】

回顾长春长生的这次舆情事件，找到事件的关键传播节点，并对这些节点的信息扩散作用进行评价。

【背景资料】

《中华人民共和国网络安全法》（以下简称《网络安全法》）

2016 年 11 月 7 日，为保障网络安全，维护网络空间主权和国家安全，促进经济社会信息化健康发展，不断完善网络安全保护方面的法律法规十分必要。十二届全国人大常委会第二十四次会议通过了《网络安全法》。

《网络安全法》自 2017 年 6 月 1 日起施行。国家网信办网络安全协调局负责人就相关问题回答记者提问。针对"《网络安全法》会制造贸易壁垒"的担忧，负责人明确表示，制定和实施《网络安全法》，不是要限制国外企业、技术、产品进入中国市场，也不是要限制数据依法有序自由流动。

参考文献 ::::: references / / / / /

[1] 谢新洲. 互联网等新媒体对社会舆论影响与利用研究[M]. 北京：经济科学出版社，2013.

[2] 郭小平. 风险社会的媒体传播研究[M]. 北京：学习出版社，2013.

[3] 匡文波. 新媒体舆论：模型、实证、热点及展望[M]. 北京：中国人民大学出版社，2014.

[4] 戴雪. 公共舆论的力量：19世纪英国的法律与公共舆论[M]. 戴鹏飞，译. 上海：上海人民出版社，2014.

[5] 杨永军. 社会舆情预警与控制[M]. 北京：人民出版社，2015.

[6] 周蔚华，徐发波. 网络舆情概论[M]. 北京：中国人民大学出版社，2016.

[7] 李建华. 中国网络传播制度研究：基于新制度经济学的视角[M]. 北京：红旗出版社，2017.

[8] 杨明刚. 大数据时代的网络舆情[M]. 深圳：海天出版社，2017.

[9] 喻国明. 新媒体环境下的危机传播及舆论引导研究[M]. 北京：经济科学出版社，2017.

[10] 人民网舆情数据中心. 十天学会写舆情报告[M]. 北京：人民日报出版社，2018.

[11] 刘怡君. 社会舆情的网络分析方法与建模仿真[M]. 北京：科学出版社，2019.

[12] 赵磊. 网络舆情分析[M]. 北京：中国社会科学出版社，2019.

[13] 杨兴坤，周玉娇. 网络舆情管理：监测、预警与引导[M]. 北京：知识产权出版社，2019.

[14] 裴佳音. 大数据环境下网络舆情的预测方法[M]. 杭州：浙江大学出版社，2019.

[15] 彭兰. 新媒体用户研究：节点化、媒介化、赛博格化的人[M]. 北京：中国人民大学出版社，2020.

[16] 宋香丽. 网络舆情与高校治理研究[M]. 北京：人民出版社，2020.

[17] 翟羽佳. 以事件为中心的网络舆情演化研究[M]. 上海：上海科学技术文献出版社，2020.